Sucesso em vendas com PNL

Dados Internacionais de Catalogação na Publicação (CIP)
Câmara Brasileira do Livro, SP, Brasil

O'Connor, Joseph
    Sucesso em vendas com PNL: recursos de programação
neurolingüística para profissionais de vendas / Joseph O'Connor e
Robin Prior [tradução: Denise Maria Bolanho]. - São Paulo :
Summus, 1997.

    Título original: Successful selling with NPL.
    Bibliografia
    ISBN 978-85-323-0579-4

1. Programação neurolingüística   2. Sucesso 3. Vendas
4. Vendas e vendeores I. Prior, Robin II. Título.

                                                    CDD-658.85

97-2131

            Índices para catálogo sistemático:
            1. Vendas: Sucesso : Programação
               neurolingüística 616.994019

www.summus.com.br

EDITORA AFILIADA

Compre em lugar de fotocopiar.
Cada real que você dá por um livro recompensa seus autores
e os convida a produzir mais sobre o tema;
incentiva seus editores a encomendar, traduzir e publicar
outras obras sobre o assunto;
e paga aos livreiros por estocar e levar até você livros
para a sua informação e o seu entretenimento.
Cada real que você dá pela fotocópia não autorizada de um livro
financia o crime
e ajuda a matar a produção intelectual de seu país.

Sucesso em vendas com PNL

Recursos de programação neurolingüística para profissionais de vendas

JOSEPH O'CONNOR
e ROBIN PRIOR

summus
editorial

Do original em língua inglesa
SUCCESSFUL SELLING WITH NPL
Copyright © 1995 by Joseph O'Connor e Robin Prior
Originalmente publicado pela Thorsons,
uma divisão da HarperCollins Publishers ltd.
Direitos desta tradução adquiridos por Summus Editorial

Tradução: **Denise Maria Bolanho**
Revisão técnica: **Gilberto Craidy Cury**
Capa: **BVDA / Brasil Verde**

Summus Editorial

Departamento editorial
Rua Itapicuru, 613 – 7º andar
05006-000 – São Paulo – SP
Fone: (11) 3872-3322
http://www.summus.com.br
e-mail: summus@summus.com.br

Atendimento ao consumidor
Summus Editorial
Fone: (11) 3865-9890

Vendas por atacado
Fone: (11) 3873-8638
e-mail: vendas@summus.com.br

Impresso no Brasil

SUMÁRIO

PARTE QUATRO — GERENCIAMENTO EM VENDAS

PARTE CINCO — AÇÃO

PARTE SEIS — RECURSOS

APRESENTAÇÃO

Atualmente, grande parte do tempo administrativo é dedicada ao "novo" consumidor. Essa criatura mitológica que compra, mas PARA QUEM NÃO SE VENDE, desenvolveu, da noite para o dia, um processo de raciocínio crítico. Em todo o país, os departamentos de planejamento estratégico estão substituindo os vendedores por sistemas de compras por computador e/ou funcionários. Há um fervor quase religioso associado a diversos órgãos regulamentares que, aparentemente, pretendem colocar o vendedor em seu verdadeiro lugar — o livro de história!

Como mostra este livro instigante, a profissão de vendas é respeitável e a mais improvável de ser mantida sem auto-estima. Ela proporciona gratificação pessoal aos clientes e lhes permite proteger a vida de sua família. Ela só é prejudicada por empresas que oferecem produtos ruins e pela liderança e gerenciamento ainda piores. Na verdade, não existem maus soldados, apenas maus oficiais.

A Programação Neurolingüística — ou PNL — oferece uma estrutura. Uma estrutura para reconhecer as coisas importantes dentro de nós e na maneira de nos relacionarmos com os outros. Ela oferece um grande potencial às empresas inteligentes cujos produtos valem seu preço, com remuneração contínua e sistemas de reconhecimento. Ela é para OUVINTES e alunos, não para quem gosta de blefar. Eu a utilizei na TSB e ela funciona.

Talvez o maior crime que cometemos contra as vendas seja o de considerá-las como um processo isolado. Não é. Repetindo literalmente as palavras de Churchill, elas podem e devem representar apenas o fim do começo. Recentemente, um colega mencionou um cartaz pendurado no açougue do qual é freguês: "O atendimento é o nosso vendedor". Eu não poderia ter colocado melhor.

O novo bazar mencionado neste livro traz uma promessa semelhante. O antigo bazar, vocal ao extremo, não pode.

Geoffrey Gray*

* Geoffrey Gray é diretor regional da TSB plc. Esteve associado à venda de serviços financeiros durante 25 anos.

PREFÁCIO

Em minha opinião, o problema da maior parte dos treinamentos em vendas é a ênfase dada ao "fechamento da venda". Eu, pelo contrário, acredito que ela deveria ser colocada na *abertura do relacionamento*. A arte de vender torna-se uma atividade sem sentido se tudo com o que ela se preocupar for ganhar rapidamente muito dinheiro, sem se preocupar em conhecer as verdadeiras necessidades do cliente. A longo prazo, esse tipo de abordagem superficial é inútil como meio de vida e certamente oferece pouco no que se refere a uma carreira satisfatória.

Porém, se as equipes de vendas adotarem uma visão mais abrangente, encarando sua tarefa sob o ponto de vista da identificação e do atendimento das necessidades do cliente, abrirão caminho para uma vida que é não apenas mais interessante e excitante, mas também mais recompensadora. Porque a pessoa que cultiva os relacionamentos com os clientes, atendendo às suas necessidades, está construindo um fluxo de rendimentos que continuará a crescer durante muitos anos.

Um dos motivos de ter gostado deste livro e achar que ele será útil para todos os envolvidos com qualquer tipo de vendas (mesmo que seja apenas vender a si mesmo) é a forte ênfase que Joseph O'Connor e Robin Prior colocam na criação de um relacionamento com os clientes. O sucesso em vendas e em marketing baseia-se na criação de relacionamentos.

Entretanto, não basta querer ser um construtor de relacionamentos: como acontece com todas as coisas, é preciso estudar as técnicas que lhe proporcionarão aquilo que você deseja. A Programação Neurolingüística é uma nova e poderosa ferramenta nessa área, se você puder superar o obstáculo desse nome horroroso!

Este livro mostra claramente como os princípios da PNL podem ser aplicados às situações de vendas, beneficiando vendedores e compradores — e isso não pode ser ruim.

*Feargal Quinn**

---

* Fundador do grupo irlandês de supermercados Superquinn e autor de *Crowning the customer*.

AGRADECIMENTOS

Muitas pessoas nos ajudaram neste livro.

Obrigado, Ian McDermott, do *International Teaching Seminars*, por seu apoio e idéias, especialmente na seção sobre gerenciamento de vendas.

Obrigado, Mike Kearsley, por seu envolvimento e informações construtivas durante todo o projeto.

Obrigado, Bob Janes, Geoff Avis e Dave Watkins, pela leitura do rascunho e por seu *feedback* útil e construtivo.

Obrigado, Steven Robbins, pelas idéias interessantes e discussões na Compuserve. Boa sorte em seus empreendimentos.

Obrigado, Mick Rennie, pelas muitas discussões estimulantes sobre vendas, depois de nossos jogos de *squash*.

Obrigado, Nick Rennie e Laurie Rambaud, por seu apoio e entusiasmo.

Às nossas editoras da Thorsons, Elizabeth Puttick e Elizabeth Hutchins, obrigado pelo seu trabalho.

E, finalmente, muito obrigado a David Gaster que, antes de sua morte prematura, foi uma ajuda e uma inspiração para nós dois. Seu trabalho sobre liderança e o modelo de congruência projetado por ele tiveram uma importante influência no conteúdo e no estilo deste livro.

Estamos gratos pela ajuda que recebemos neste livro e o resultado final é de nossa responsabilidade.

Joseph O'Connor
Robin Prior
Junho de 1994

INTRODUÇÃO

É uma manhã fria e escura. Nenhum som perturba a calma do novo dia. Você abre os olhos e observa os ponteiros luminosos do relógio. Você ainda tem uma hora para ficar deitado. Deveria dormir novamente? Deveria usar essa hora extra para tomar mais uma xícara de café, dirigir com mais segurança, preparar-se para a reunião? Há uma longa jornada a ser percorrida antes do seu primeiro compromisso. E você precisa de uma outra venda este mês. A pressão está aumentando. A administração está mostrando sinais de pânico. Normalmente, o pânico antecede a busca de um bode expiatório. Você ficaria a salvo com a venda de hoje. Com sua comissão poderia pagar algumas contas atrasadas. E a cama está quente. Você fica imaginando se deveria ter se esforçado mais na escola, adquirido mais qualificações? Será que poderia ter se tornado um advogado, um médico ou um apresentador de televisão?

Em sua imaginação, você pode ver o gelo formado no vidro de seu carro. E a cama está quente. Você pula da cama e grita: "Uau! Mais um dia de vendas. Maravilha! Prefiro essa profissão a qualquer outra coisa no mundo".

Ou, talvez:

Você acorda pensando em tudo o que precisa organizar quando chegar ao escritório. Acabaram-se os dias de ficar num estado semi-adormecido, semidesperto. Desde o instante em que abriu os olhos, seu cérebro está resolvendo problemas. A administração está exigindo resultados. Por sua vez, você pressionou seus vendedores. Mas eles dizem que o mercado está mudando, que do jeito que anda a economia não é possível atingir os objetivos. Você levou essas informações para o diretor de vendas, mas ele não as aceitou. Ele não pode. Se os números não forem alcançados, a empresa estará em dificuldades. Você precisa tirar sangue de uma pedra. E se não conseguir? Você está em dificuldades — e não estabeleceu as metas. Você não pode perder seu emprego. Como cumpriria seus compromissos familiares? Talvez seja necessário encontrar um bode expiatório para mostrar que você está tentando, que está fazendo alguma coisa. Que tal demitir alguém para ganhar um pouco de tempo? Como eles se sentiriam? Eles também não estabeleceram as metas. Ninguém disse que o mundo dos negócios deve ser justo. Você pula da cama e grita: "Uau, o gerenciamento em vendas não é maravilhoso?".

Se é assim que você recebe cada dia, então deixe este livro de lado porque você não precisa dele. Você pode escrever seu próprio livro. Se você ainda estiver lendo, então temos alguma coisa em comum. Ambos sabemos que as vendas podem levantá-lo ou derrubá-lo. Elas podem ser maravilhosas num dia e difíceis e extenuantes no dia seguinte.

Todos nós influenciamos as pessoas. Isso é "vender". E quanto melhor somos em "vendas", maior a probabilidade de alcançarmos aquilo que desejamos. Entretanto, apesar de todos "vendermos" alguma coisa — produtos, serviços, idéias, nós mesmos (embora nem sempre gostemos de chamar isso de venda —, as vendas têm uma imagem pública ruim. Muitas pessoas, até mesmo os gerentes seniores de nossas empresas, consideram os vendedores como pessoas manipuladoras e não muito normais, embora admitam que as vendas sejam a essência do negócio.

A profissão de vendas não é fácil. E as opiniões e pressuposições comuns a seu respeito tornam-na mais difícil do que o necessário. Com o tempo, seu entusiasmo e envolvimento podem diminuir devido às constantes mensagens negativas sobre as vendas e os vendedores. É por isso que existem tantos livros, cursos de treinamento e consultorias em vendas que tratam da motivação dos vendedores e o porquê de oradores de vendas inspirados lotarem estádios com seus seminários.

Mas não se consegue uma motivação duradoura gritando pensamentos positivos na frente do espelho ou afastando pensamentos negativos. A motivação duradoura vem da clareza ou do propósito, de objetivos claros e da sensação de estar fazendo alguma coisa valiosa. É isso que esperamos lhe dar.

Este livro é para vendedores, gerentes de vendas e instrutores de vendas que desejam olhar a profissão sob um outro ângulo e acrescentar novas habilidades àquelas que já possuem. Ele também é para conselheiros, contadores e consultores que precisam vender seus serviços, embora não se considerem vendedores.

O que é esse "outro ângulo", essa outra maneira de considerar as vendas? É a maneira como você pode definir a palavra "sucesso".

A maior parte deste livro aplica as técnicas da Programação Neurolingüística, ou PNL, ao processo de vendas. Ele não é um curso de PNL e não exige seu conhecimento anterior. A PNL foi originalmente desenvolvida por John Grinder e Richard Bandler na década de 70. Atualmente, existem associações nacionais de PNL em países do mundo inteiro, e ela é amplamente utilizada nos negócios, educação, treinamento, terapia e esportes.

A PNL lida com a influência: como as pessoas se relacionam e se comunicam com os outros, como tomam decisões e como preferem ser influenciadas; portanto, é particularmente útil em vendas. As técnicas da PNL adaptam-se bem num mundo que enfatiza cada vez mais a qualidade, o atendimento ao cliente e a responsabilidade em vendas.

A PNL também nos permite estudar ou "modelar" aquilo que torna excelentes realizadores melhores do que os realizadores comuns. Ao modelar essas diferenças podemos ensinar a todos que fazem parte de nossa equipe de vendas, permitindo que se beneficiem dos métodos dos mais "ambiciosos". A modelagem faz parte daquele indefinível Santo Graal da profissão de vendas: descobrir as qualidades dos bons vendedores, ser capaz de treinar outras pessoas nessas qualidades e selecioná-las no recrutamento.

Este é um livro prático. Ele deve ser utilizado como um manual de instruções. Entretanto, não fazemos afirmações bizarras a seu respeito. Talvez seu volume de vendas não duplique em três semanas. Mas, se você aplicar e praticar as técnicas que apresentamos, elas farão diferença em sua vida pessoal e profissional. Embora o livro contenha anedotas, histórias e exemplos para reforçar o que pode ser alcançado com a PNL, a evidência mais convincente será sua própria experiência.

Este livro não trata apenas de técnicas em vendas, mas também dos cuidados com sua saúde e bem-estar, da percepção do que é importante para você e da satisfação cada vez maior que você obtém na sua vida e no seu trabalho. Existem muitas pessoas extremamente bem-sucedidas, que ganham bem e, mesmo assim, são infelizes. Existem também muitos vendedores que se sentem pressionados: eles *precisam* ser os melhores, eles *devem* ser os superases em vendas, pois qualquer coisa menor significa fracasso. Alguns livros de vendas e treinamentos sugerem que visar qualquer coisa abaixo da perfeição é medíocre e significa derrota, e se você não atingir o topo, alguma coisa deve estar lhe faltando. Mas nem todos desejam estar no topo da escada, se para isso forem necessários sacrifícios inaceitáveis em outras áreas de suas vidas. Esperamos ajudá-lo a encontrar o equilíbrio que funcione para você — e para sua empresa — para que você possa definir sua medida de sucesso. Talvez até em outra profissão.

Nós também abrangemos as habilidades necessárias a um bom gerente de vendas: como criar uma empresa na qual os vendedores darão o melhor de si mesmos; como ser um líder, não um feitor de escravos.

Este livro foi escrito a partir de nossa experiência combinada de muitos anos em treinamento de vendas, consultoria e PNL. Percebemos a necessidade de um livro que não lidasse apenas com as habilidades requeridas para ter sucesso em vendas, mas também para criar uma auto-imagem e uma boa imagem pública da profissão onde essas habilidades podem se desenvolver.

Há uma série de exercícios práticos intercalados em todo o livro e uma seção especial de exercícios no final. Esses exercícios formam a base de um treinamento que realizamos para empresas de vendas em todo o país. É surpreendente notar que, apesar das diversas qualificações profissionais em marketing, na época em que escrevemos o livro não havia nenhuma para vendedores.

Dependendo da sua experiência, treinamento e leituras anteriores, você pode achar que algumas partes deste livro abrangem um terreno familiar. Essa revisão de coisas conhecidas é deliberada, pois se você vai entrar num território novo, precisa partir de uma base sólida. Nenhum livro pode se adaptar perfeitamente às necessidades de cada leitor, porque cada leitor possui necessidades diferentes. Todos temos diferentes pontos de partida e diferentes destinos.

Incluímos um glossário de termos de PNL no final, mas, acredite, as palavras e frases são introduzidas de modo a tornar claro o seu significado.

Você é o nosso cliente. Nosso objetivo é oferecer as habilidades que lhe permitirão vender mais, se é isso que você deseja, e atingir o equilíbrio entre sua vida pessoal e profissional. Seja qual for o produto que você vende e seu nível de experiência, esperamos que goste do livro, que o considere útil e prático e que o utilize para obter aquilo que deseja dessa fascinante profissão.

Joseph O'Connor
Robin Prior
Junho de 1994

Como usar este livro

É melhor ler este livro em seqüência, mas você pode passar de uma seção para outra, bem como ler partes de uma seção, dependendo dos seus interesses. Há exercícios e idéias em todo o livro. A série de exercícios práticos na PARTE CINCO é a essência do livro (ver pp. 187-200). Faça os exercícios e leia o livro se deseja obter uma diferença nas suas habilidades em vendas.

PARTE UM

COMO AS VENDAS ESTÃO MUDANDO

O Antigo Bazar

Um político, um arquiteto, um cirurgião e um vendedor estavam discutindo qual seria a profissão mais antiga do mundo.

"Bem", disse o cirurgião, "Deus fez Eva de uma costela de Adão — um trabalho cirúrgico, certo?"

"Ah", respondeu o arquiteto, "antes disso, Deus criou a ordem a partir do caos, e isso é trabalho para um arquiteto."

O político respondeu com aquilo que considerou o *coup de grâce*. "E quem vocês acham que, originalmente, criou o caos?"

Então, todos olharam para o vendedor, esperando sua contribuição.

"E quem, em primeiro lugar, vocês acham que convenceu Deus de que todo o projeto era uma boa idéia?"

Todas as profissões têm uma imagem pública e a das vendas não é das melhores. Contudo, vender é ajudar as pessoas a obter o que elas desejam, não é verdade? Para muitas pessoas, não é. Para elas, a palavra "vendas" evoca imagens e sentimentos negativos. Estereótipos, como o do vendedor de carros usados disposto a dizer qualquer coisa para vender um carro, imediatamente vêm à nossa mente. O filme *Tin Men*, estrelado por Danny DeVito, é sobre um vendedor de telhas de alumínio. Ele agia com outro vendedor: um vendia o produto por um preço ridiculamente baixo e, pouco depois, seu parceiro telefonava para o cliente, pedia desculpas e explicava que o primeiro vendedor estava tendo um colapso nervoso. Então, pedia para o cliente pagar o preço real e não arruinar a vida do vendedor; e o cliente pagava.

O fato de considerar as vendas como a manipulação das pessoas para que elas comprem produtos ou serviços que não desejam, foi levado à sua conclusão lógica por um amigo meu. Ele acredita que as vendas e a publicidade são a arte de controlar, por tempo suficiente, a inteligência de uma pessoa para tirar dinheiro dela. Se alguém tenta lhe vender alguma coisa, ele automaticamente pensa que não é boa, do contrário não estaria tentando convencê-lo a comprá-la. Ele decide o que deseja comprar e, então, vai e compra. Raramente está aberto a influências externas, porque acredita que os vendedores tentarão enganá-lo.

Quando os clientes possuem essas crenças negativas a respeito dos vendedores, e o tratam como se você não se importasse com o que eles desejam ou o consideram um mal necessário, isso não somente torna a venda uma tarefa difícil, mas também diminui seu senso de autovalor. Quando as pessoas esperam que se aja de determinada maneira, podemos nos sentir tentados a agir assim. Quando esperam que não sejamos éticos, torna-se fácil atender às suas expectativas.

A palavra "vender" estimula essa imagem ruim. É importante lembrar que a venda é apenas a metade da história. Você não pode ter um vendedor sem um comprador. Ao esquecer do comprador, a venda fica deturpada, tornando-se uma influência de mão única quando, na verdade, uma venda é o resultado da cooperação e interação entre os dois. Considerar as vendas como alguma coisa feita *aos* clientes em vez de alguma feita *com* os clientes distorce o que está acontecendo.

Muitos livros sobre vendas, inadvertidamente, reforçam essa visão negativa. Eles usam metáforas como (e nós citamos) "...você aplica a pressão adequada à venda, com a furadeira adequada (as habilidades em vendas), que lhe permitem perfurar a mais dura das madeiras, o cliente". Acreditamos que perfurar o cliente não é uma metáfora útil. Nem eu, como cliente, quero ser comparado a um pedaço de madeira.

Outros livros usam metáforas de guerra. A venda é definida como uma "batalha habilidosa" travada pelo vendedor. O inimigo é o cliente. Então, você se torna o inimigo do cliente. Fregueses e clientes podem reagir tratando mal os vendedores e querendo alguma coisa por nada.

As metáforas de guerra significam que você precisa de novos e sofisticados armamentos em seu arsenal de vendas e, assim, os livros de vendas tornam-se catálogos de armas. Se aceitar essa metáfora, ficará com estafa de combate. Há livros que pertencem à escola do "cerco implacável", afirmando que é preciso arrastar o cliente para o sacrifício ou fisgá-lo como um peixe. Outros transmitem a mensagem de que vender é tão difícil, que para ter sucesso é preciso hipnotizar a si mesmo *e* ao cliente. Esse tipo de atitude cria clientes resistentes. A resistência à venda é o triunfo da mente sobre a conversa fiada.

Quando as vendas ficam difíceis, sua motivação e entusiasmo diminuem. Quanto mais os clientes o tratam mal, menor a probabilidade de se preocupar com eles. Quando os clientes se tornam difíceis, você pode pensar que para realmente conseguir a venda, a resposta seja seguir as dicas mais recentes sobre entusiasmo em vendas. Embora elas possam ser úteis, não solucionam o problema básico e lembram a Brigada de Luz afiando seus sabres enquanto ataca as armas turcas. Quanto mais você confiar na motivação externa, menos utilizará seus próprios recursos. A voz dentro de sua cabeça pode tentar forçá-lo a sentir-se mais entusiasmado: "Eu deveria estar motivado. O que há de errado comigo?". Contudo, a motivação que faz diferença só pode vir de *dentro*.

Não é fácil ficar motivado nesse clima antiquado de vendas, pois ele não é um lugar confortável. Foram realizadas algumas pesquisas sobre vendas. Pedia-se aos vendedores que dissessem o primeiro pensamento que lhes viesse à mente em resposta à palavra "vender". Os resultados são interessantes. "Ansiedade", "resistência", "estresse" e "solidão" foram as palavras apresentadas. E, devido à imagem pública dos vendedores, profissionais como contadores sentem-se pouco à vontade com a idéia de "vender" seus serviços. Vender está abaixo deles, é algo feito por pessoas não muito·educadas. É como se candidatar à crítica e à rejeição.

Para vender nesse clima são necessárias duas qualidades. Uma é chamada de "motivação do ego": quanto você realmente deseja realizar a venda. A segunda é chamada de "força do ego": quanto você pode suportar a rejeição. Baseadas nessas duas medidas, algumas pesquisas concluíram que até 80% dos vendedores são inadequados para a profissão.

Estamos chamando esse modelo de vendas de "Antigo Bazar" — no qual a venda é considerada uma influência de mão única e os vendedores são cada vez mais impelidos a vender para clientes cada vez mais relutantes, da maneira que puderem. O vendedor precisa se forçar a vender e forçar o cliente a desejar o produto. É a batalha dos mais bem-preparados, onde não há lugar para a consciência. Clientes, cuidado!

O custo do Antigo Bazar

As tristes conseqüências do Antigo Bazar estão se tornando cada vez mais visíveis, não apenas para vendedores e clientes, mas também para empresas e indústrias.

O setor de seguros, em particular, está se transformando. Enquanto escrevemos, casos legais estão sendo travados a respeito de conselhos financeiros fornecidos por companhias de seguros para planos de pensão. Muitas pessoas foram persuadidas a trocar as pensões da empresa por pensões particulares, uma atitude que resultou em desvantagens financeiras. As companhias que deram esse conselho estão sendo consideradas responsáveis e sujeitas a pagar compensações. Não há alegação de que os vendedores de seguro tenham deliberadamente enganado os clientes (embora muitos deles, secretamente, admitam que essa atitude incorreta foi encorajada, mesmo pelos níveis mais elevados), mas a orientação era errada e a companhia é responsável. Esse é um resultado da nova legislação que tornou os vendedores de seguro, ou suas companhias, mais nitidamente responsáveis pelas conseqüências de seus atos. Agora, algumas companhias fazem seus gerentes seniores examinarem minuciosamente todas as novas apólices vendidas. Se o gerente tiver qualquer dúvida de que a apólice seja adequada para a situação financeira e doméstica do cliente, ele irá cancelá-la, *mesmo que o cliente proteste.*

Em 1994, a Norwich Union foi multada em 300 mil libras, mais 25 mil libras de despesas, pela Life Assurance and Unit Trust Regulatory Organisation (Lautro) por não treinar o seu pessoal no padrão exigido pela Lautro. A Norwich Union suspendeu todos seus 800 vendedores para serem treinados no padrão total da Lautro, oferecendo compensação total a qualquer investidor que considerasse inadequados os conselhos que recebera. Donald Dewar, porta-voz da previdência social do Partido Trabalhista disse: "... os acontecimentos extraordinários ocorridos na Norwich Union foram uma evidência surpreendente dos problemas que destruíram a confiança nos métodos e padrões de vendas no setor de pensões particulares".

Esse desastre no setor de pensões particulares levantou questões mais preocupantes sobre o setor de seguros de vida. Será que as economias em que as pessoas foram encorajadas a investir a partir de abril de 1984 algum dia atenderão às suas expectativas? Será que o seguro de vida foi desgastado por um mau planejamento, custos elevados e regulamentos indulgentes? A crítica às pensões pessoais e à maneira como têm sido vendidas pode ser igualmente aplicada à maioria dos investimentos que o setor de seguros tem vendido.

De acordo com a Financial Services Act (Lei dos Serviços Financeiros), os vendedores de seguros, empregados ou ligados a uma companhia particular de seguros, não podem recomendar os produtos de outra companhia. Isso quase sempre os leva a vender uma de suas próprias apólices. Entretanto, os melhores fundos de investimentos, provavelmente, são aqueles em que os custos são menores e eles são menores porque os vendedores de seguros não recebem comissões nem reembolso de despesas. Assim, não são recomendados pelos vendedores! Portanto, nesse caso, a estrutura de vendas realmente trabalha contra o cliente.

Ainda há outras más notícias. Uma pesquisa realizada pela Life Insurance Marketing and Research Association (*Limra*) em dezoito empresas descobriu que 42% dos vendedores deixaram suas empresas em 1992. A projeção desses números mostra que quase 80% dos vendedores de seguros de vida deixaram sua empresa após dois anos, e apenas 8% permanecem nela durante quatro anos. Quase não houve melhora comparada aos números relativos a 1964, quando a rotatividade era de aproximadamente 50% no primeiro ano e 89% nos três primeiros anos. Pouca coisa mudou em trinta anos. Aqui há uma enorme despesa: salários e treinamentos desperdiçados, tempo e reputação da companhia e um território permanentemente queimado. Basta!

Também parece haver uma forte correlação entre a rotatividade de pessoal e os índices de cancelamento de apólices. Um relatório da AKG, uma empresa de consultores atuariais, baseado nos últimos dados do Departamento de Comércio e Indústria, sugere que o número de apólices de seguro de vida relacionados a investimentos precocemente cancelados é alto e está aumentando. Quase um quarto de todas as apólices vendidas em 1991 foram canceladas em um ano, pois os clientes perceberam que, afinal de contas, não as desejavam. Menos de 70% das apólices sobreviveram a dois anos. De modo geral, isso significa enormes perdas para os investidores, através de multas de resgate. As apólices vendidas por conselheiros financeiros independentes têm 20% menos probabilidade de serem canceladas do que os planos vendidos por funcionários das companhias. O setor de seguros é o exemplo mais eloqüente de como o Antigo Bazar nos afeta.

Um outro exemplo do Antigo Bazar é fornecido pela indústria de fotocopiadoras, que está tentando aumentar o controle sobre membros e agentes para melhorar os procedimentos, após duras críticas do Office of Fair Trading sobre os métodos de vendas. Os códigos de procedimentos estão ficando mais rígidos para oferecer maior proteção aos clientes — um exemplo particular são os termos contratuais que ultrapassam a duração do equipamento e estipulam elevadas multas no caso de cancelamento. Numa virada irônica, alguns vendedores de fotocopiadoras demitidos por prática desonesta estão se oferecendo para ajudar os clientes a entender contratos difíceis e explorar as brechas existentes nas letras miúdas. Será que eles conseguirão vender seus serviços?

Estes são dois dos exemplos mais visíveis das atuais mudanças, mas as conseqüências do Antigo Bazar não se limitam a esses dois setores. Para o cliente, os resultados são maus conselhos de vendas, produtos e serviços que não atendem às necessidades. Isso gera clientes insatisfeitos, que passam a comprar de outra companhia e tornam-se céticos em relação aos vendedores. Para a empresa, cria vendedores insatisfeitos, que constantemente deixam o emprego. As despesas para contratar e treinar bons vendedores são elevadas, especialmente no setor de seguros, onde as apólices são complexas, exigindo agentes bem treinados para explicar seus caminhos labirínticos. Há um elevado custo para os negócios com os velhos métodos de vendas do Antigo Bazar.

O Bazar Eletrônico

Nos últimos anos, a alta tecnologia tirou muitos empregos das pessoas. Agora, ela está oferecendo às empresas uma outra maneira para vender seus produtos, no lugar dos vendedores. Essa tendência é o Bazar Eletrônico. Ele está aqui-agora e seu avanço impiedoso é estimulado por três principais fatores. Primeiro, a necessidade de eliminar as práticas manipuladoras do Antigo Bazar. Ele é o castigo para os antigos métodos. Segundo, geralmente é mais econômico; a tecnologia é mais barata do que a mão-de-obra. Terceiro, é fácil. A tecnologia torna-se mais sofisticada a cada mês.

Eis alguns exemplos do Bazar Eletrônico. Os bancos estão usando computadores para avaliar se os clientes devem ou não receber um empréstimo; acredita-se que os computadores cometam menos erros. Os gerentes de banco, responsáveis pela automatização dos serviços bancários na década de 1980, descobriram agora que seu trabalho está sendo automatizado. Atualmente, o setor de serviços financeiros está tentando desabilitar o papel ocupado no momento pelo consultor de serviços financeiros, novamente acreditando que

o computador é mais preciso em seus conselhos. Estão sendo usados sistemas que dão ao cliente um controle quase total. O cliente fornece detalhes de rendimentos e despesas, desejos e expectativas, e o programa, não o vendedor, planeja a apólice mais adequada. Talvez você esteja pensando quanto tempo levará para que o cliente simplesmente possa entrar nesse programa, dispensando completamente a presença do vendedor.

Em dezembro, um CD-ROM interativo de compras chamado *En Passant* começou a ser testado por trinta mil pessoas. Essa tecnologia computadorizada faz mais do que mostrar fotografias, preços e o número do telefone para fazer o pedido. Mais de doze fabricantes estão incluídos no programa. Ele oferece conselhos sobre decoração, estilos, cores e um mecanismo de busca para encontrar itens através de palavras-chave, bem como um método para o consumidor criar catálogos para si mesmo e para outras pessoas.

Essa tendência tecnológica começou com catálogos de compra por reembolso postal. A segunda fase desse progresso está utilizando um *modem* para acessar catálogos e *databases* de produtos pela Internet (uma associação virtual mundial, ligada por computadores e *modem*, na qual você pode transmitir figuras, som e imagens para qualquer associado).

Ontem à noite, eu quis comprar alguns *compact discs*. Acessei um serviço *on-line* através do *modem*. Escolhi um menu de possibilidades e procurei na tela do computador uma área de compras. Tive acesso a relatórios para o consumidor e informações sobre novos produtos existentes no mercado. Era como se eu pudesse, virtualmente, comprar qualquer coisa. Escolhi meus discos, digitei meu nome e endereço e forneci detalhes do meu cartão de crédito, e agora espero a sua entrega. Esse é um grande sistema para aqueles que sabem o que querem.

O próximo estágio será uma máquina de moto-contínuo para o consumidor, já batizada de "vórtice". Os compradores criarão relatórios do consumidor, acrescentando-os a bibliotecas e *databases*. Eles anunciarão produtos para si mesmos. Os gerentes de *database* apenas supervisionarão a atividade, entregarão o produto e cobrarão sua porcentagem das empresas. A publicidade pode ser feita facilmente, sem nenhum esforço. Em vez de os anunciantes solicitarem respostas, responderão às perguntas dos clientes potenciais.

Com certeza, esses serviços serão levados para todos os lares através da televisão. Esse passo será dado pela indústria de entretenimento. Se você pode ter vídeos ligados à tela da sua televisão apenas apertando um botão, também pode comercializar e vender qualquer produto. Para comprar, o cliente só precisa fornecer o número de seu cartão de crédito pelo telefone. Imagine uma publicidade interativa baseada em sistemas profissionais de computador que oferece conselhos sobre investimentos. Os canais interativos de compras já estão surgindo. O progresso do Bazar Eletrônico é tão rápido que esse capítulo talvez já tenha se tornado obsoleto no intervalo de tempo entre o momento em que foi escrito e sua presença nas prateleiras de livrarias reais ou virtuais.

A facilidade, os custos reduzidos e o alcance do Bazar Eletrônico parecem muito favoráveis ao cliente. Mas quais são suas desvantagens?

Talvez você tenha menos escolhas no Bazar Eletrônico porque estará limitado àquilo que estiver sendo oferecido *on-line*. Aquilo que você não conhece, não perderá. Naturalmente, haverá formas para manipular o sistema e guiar os consumidores por caminhos determinados. Esses caminhos serão muito eficazes porque os clientes podem considerar os computadores impessoais e objetivos. Há, também, a possibilidade oposta (e mais provável): excesso de escolhas — a síndrome da "Caverna de Aladim". Você está cercado de tantas coisas boas que não sabe por onde começar. Poderia surgir uma classe especial de vendedores — os guias Net. Seu trabalho não será vender alguma coisa diretamente para você, mas evocar suas necessidades e desejos e, então, mostrar onde encontrar aquilo que você deseja no labirinto de tesouros mágicos por trás da tela da sua televisão.

De que eu sentia falta enquanto "passeava" por esse Bazar Eletrônico? Apenas da oportunidade de conversar com alguém, um especialista, com quem eu pudesse trocar idéias, que pudesse me aconselhar sobre a maneira mais adequada de satisfazer minhas necessidades. Senti falta dos muitos benefícios obtidos na participação do processo compra/venda com alguém que compartilharia meu objetivo de tentar encontrar o melhor produto para mim.

O Bazar Eletrônico está ganhando impulso não apenas pelos benefícios que oferece, mas principalmente pelas deficiências do Antigo Bazar. E existe uma outra maneira.

O Novo Bazar

O Antigo Bazar está sob pressão e desaparecendo rapidamente, e um novo modelo está tomando seu lugar. A atitude resumida na frase em latim *Caveat emptor* (comprador, cuidado) era comum no Antigo Bazar. Os tempos mudam. Os consumidores se tornaram mais sofisticados e conscientes da possibilidade de litígios. Os programas de televisão lhes mostraram em que devem prestar atenção e como reagir contra práticas prejudiciais. Os órgãos regulamentadores têm mais poderes para investigar e recomendar mudanças nos sistemas de vendas industriais, geralmente apoiados por sanções, e eles têm a intenção de aplicá-las. Agora, a frase em latim utilizada é *Caveat venditor* (vendedor, cuidado)!

O novo modelo que está surgindo é o que chamamos de Novo Bazar.

Quais são as habilidades importantes para o vendedor nesse Novo Bazar?

Uma delas é criar um bom relacionamento, como uma estrutura na qual o negócio possa ocorrer. Para ser um vendedor no Novo Bazar você precisa ser capaz de observar o processo venda/compra a partir do seu ponto de vista, bem como o do cliente. Você precisa compreender o que o cliente está dizendo, pelas palavras que ele usa e pelos sinais que ele apresenta, bem como saber que suas palavras e sinais são recebidos. E você precisa acreditar que é possível vender eticamente.

A congruência pessoal — quando aquilo que você diz e aquilo que você faz é mutuamente reforçado — também é essencial no Novo Bazar. A congruência é a filha da honestidade. Para um vendedor ter e projetar essa congruência ele precisa acreditar no seu produto, na sua empresa, na sua política de preços e sentir-se bem a respeito de si mesmo, da sua carreira, do seu valor e da sua contribuição. E precisa ser gerenciado de uma forma que lhe permita criar a auto-estima. Quando um trabalho é satisfatório, não há necessidade de adotar uma visão de curto prazo com relação às vendas, nem usar treinamento de motivação e férias como um substituto inferior para o desejo genuíno de fazer um bom trabalho.

Manter os clientes existentes tornou-se cada vez mais importante no Novo Bazar. O negócio mais fácil é fazer mais negócios com clientes satisfeitos. A medida do sucesso passou dos números relativos à quantidade vendida, para a qualidade do negócio.

Manipulação é o equivalente individual do Antigo Bazar. No Novo Bazar, ela é substituída pela *influência*. Elas são duas coisas muito diferentes. Manipulação é a tentativa de criar um objetivo às custas da outra pessoa, durante ou logo após a interação. É tentar atingir o próprio objetivo às custas dela. (Você pode ou não realmente alcançá-lo.) No curto prazo, a manipulação provoca um resultado vitória-derrota. No longo prazo, ela se torna derrota-derrota. Em vendas, a manipulação resulta no arrependimento do comprador, em comentários ruins sobre o vendedor e a empresa e, no pior dos casos, em má reputação para a profissão.

Um cliente que passou por uma experiência ruim tem duas vezes mais probabilidade de contar aos outros, do que aquele que teve uma boa experiência. As más notícias correm mais depressa do que as boas.

A influência é universal e é o propósito de qualquer interação. Quando você se comunica com outra pessoa, exerce um efeito nela. Você não pode evitar. A maior parte da influência é aleatória e sem intenção, mas nem por isso influencia menos do que a premeditada. Em nossa cultura, há uma idéia estranha de que, no momento em que você decide conscientemente que vai influenciar outra pessoa, torna-se manipulação, como se apenas a influência aleatória fosse boa. Isso é tolice. Pense nas ocasiões em que você procurou influenciar alguém no decorrer do dia. Influenciar é obter uma interação vitória-vitória no presente e se você planejar antecipadamente, tanto melhor.

A PNL tem muitas técnicas poderosas para influenciar as pessoas, modeladas por excelentes comunicadores — incluindo os vendedores. As vendas utilizam essas técnicas. Mas elas são como uma faca — podem ser usadas para libertar alguém ou para feri-lo. A questão é a seguinte: Para que você usa essas técnicas: para obter uma vitória-vitória ou uma vitória-derrota?

Se você confundir manipulação com influência, pode se sentir mal por usar suas habilidades ou por, literalmente, se vender barato. Os clientes podem confundir influência com manipulação e resistir a qualquer tentativa de orientação. Se eles tiverem passado por experiências desagradáveis no Antigo Bazar, talvez seja preciso aferrar-se à sua intenção de influenciá-los e não deixar que eles o arrastem para o Antigo Bazar, voltando assim à manipulação.

O que os clientes desejam de uma empresa é muito simples: vendedores competentes e nos quais possam confiar, vendendo produtos e serviços de qualidade.

O objetivo deste livro é mostrar algumas das habilidades de que você precisará no Novo Bazar. Mostraremos de que maneira conseguir uma comunicação aberta e honesta com os clientes, como cuidar do seu bem-estar e sentir-se bem com relação àquilo que você faz, e como gerenciar outras pessoas para que elas sintam vontade de tratar os clientes do jeito que eles querem ser tratados. Então, você será capaz de pular da cama e gritar: "Uau, outro dia de vendas!".

PARTE DOIS

O PROCESSO DE VENDAS

CAPÍTULO 1

POR QUE AS PESSOAS COMPRAM

Por que as pessoas compram? Elas compram produtos e serviços para sair da situação em que se encontram e ficar naquela em que gostariam de estar. A sua "necessidade" é o espaço entre o lugar em que se encontram agora e aquele em que desejam estar no futuro. Nós, como vendedores, podemos acreditar que o processo de vendas depende dos nossos produtos. Mas os clientes realmente não se importam com nossos produtos. Eles estão focalizados na própria "necessidade".

A verdade é que os clientes, seja alguém que compra uma barra de chocolate ou uma corporação que faz um pedido de milhões para adquirir um sistema de computador, compram um produto que os levará da atual situação para outra melhor. Se o seu produto satisfaz essa necessidade, agindo como um meio para levá-los do lugar em que estão agora, para aquele no qual desejam estar, os clientes irão comprá-lo.

Ao lidar com um cliente que está comprando em nome de uma empresa, você estará lidando tanto com a necessidade pessoal do comprador, quanto com a necessidade organizacional ou da empresa. Por exemplo, um gerente de departamento talvez queira comprar computadores porque vive perdendo registros valiosos e precisa perder tempo e esforços para encontrá-los. A necessidade organizacional pode ser a de aumentar a eficiência dos serviços de atendimento pós-vendas. As duas necessidades se sobrepõem mas não são iguais.

Você não pode criar uma necessidade num cliente. Você pode mostrar os aspectos da situação que talvez ele não tenha considerado e conscientizá-lo das implicações, mas, no final, o cliente é quem decide o que precisa. A função do vendedor é ajudá-lo a definir as limitações da situação atual, descrever a futura situação desejada, mencionar os benefícios proporcionados pela mudança e apresentar o produto como uma maneira de dar esse passo, criando assim uma venda "vitória-vitória".

Uma necessidade tem dois lados: a aproximação de uma solução desejada e o afastamento de uma situação problemática. Quando há uma diferença entre aquilo que você tem e aquilo que deseja, a energia para a mudança pode vir da insatisfação com o presente ou da atração exercida por um futuro mais satisfatório. Geralmente, é uma mistura de ambas. Os seguros de vida proporcionam o duplo benefício de aproximá-lo de uma grande quantia de dinheiro na aposentadoria, ao mesmo tempo garantindo que a sua família não passará por necessidades no caso da sua morte. Um novo carro pode aproximá-lo do prestígio e de um *status* melhor e afastá-lo dos temores de problemas mecânicos, despesas com consertos e do desconforto do transporte público. Quanto maior o problema atual, mais forte a motivação para mudar. A atração exercida por um pedaço de pão dependerá da sua fome...

Tipos de necessidade

O primeiro tipo de necessidade é quando o cliente está consciente do espaço entre sua atual situação, a situação desejada, e daquilo que deseja comprar para transpor esse espaço.

Um exemplo óbvio é o comércio de produtos alimentícios. Os clientes sabem que estão sem comida, que precisarão dela no futuro e saem para comprá-la. Aqui, a influência do vendedor é pouco mais do que garantir um bom serviço para estimular o retorno dos consumidores.

Para satisfazer esse primeiro tipo de necessidade, um vendedor precisa de poucas habilidades em vendas, e o *rapport* com o cliente não é importante. Além disso, o Bazar Eletrônico, virtualmente, assumiu o controle das vendas para esse tipo de necessidade.

O segundo tipo de necessidade é quando o cliente percebe que alguma coisa precisa mudar e não sabe bem qual produto proporcionará essa mudança.

Esse é o território do vendedor habilidoso. Ele pode influenciar o processo trocando idéias para esclarecer o estado atual e o desejado, avaliando as implicações de passar de um para o outro e os custos dessa atitude. Ele apresenta o produto de tal modo que o cliente pode julgar se ele é adequado para atender a essa necessidade recém-definida. Ele atua no Novo Bazar.

Por exemplo, uma pessoa pode estar consciente de que sua casa é fria e deseja torná-la mais quente. O que ela deve comprar para satisfazer essa necessidade? Colocar vidros duplos, paredes duplas com material isolante ou radiadores extras no aquecimento central? Os vendedores desses diferentes produtos terão soluções diferentes.

E o que dizer de uma empresa que deseja aumentar a produtividade? Ela deseja treinamento para o pessoal ou uma consultoria e, nesse caso, de que tipo? Ou precisa de um novo sistema de computadores? Quanto menos evidente a necessidade, mais importantes as habilidades em vendas.

Necessidades e desejos

Você define suas "necessidades" baseando-se na lógica. Você escolhe emocionalmente aquilo que "deseja". Se eu tenho uma sala repleta de livros espalhados pelo chão, preciso de um sistema de organização. Há muitas formas de satisfazer essa necessidade. Posso querer uma estante para acomodar livros e *compact discs*, ocupando uma parede inteira da sala. Talvez eu queira construir prateleiras com tábuas de madeira e tijolos. Os desejos são a maneira como o cliente satisfaz suas necessidades, filtradas por seus valores e sentimentos. Valores são as coisas importantes para a pessoa, como preço e aparência. Os valores de um cliente restringem a variedade de produtos que atenderão à necessidade.

Uma venda bem-sucedida ocorre quando seu produto corresponde às necessidades, valores e sentimentos do cliente.

As pessoas nunca compram apenas o produto; elas compram as sensações boas que acham que ele lhes proporcionará. O atrativo daquela situação desejada são as sensações gratificantes de satisfação, segurança ou auto-estima que a acompanham. Um novo carro pode proporcionar uma sensação de sucesso e autovalor. Um produto caro dá *status*.

Todos desejam se sentir bem. Nós procuramos sentimentos de felicidade e queremos que tudo aquilo que compramos contribua para isso. A publicidade é a tentativa de associar boas sensações a produtos. Os anunciantes querem que você compre sofisticação, não somente roupas ou uma misteriosa sensualidade, não somente um carro.

Algumas vezes, as pessoas compram produtos simplesmente devido a esse fator: "sentir-se bem". Elas podem comprar seu produto porque estar com você também faz com que se sintam bem.

Características, vantagens e benefícios

Características: O que o produto é.

Vantagens: O que essas características fazem.

Benefícios: As vantagens que um cliente conseguirá ao atender às suas necessidades. Os clientes compram benefícios. Eles são os resultados da solução dos problemas pessoais e profissionais. Como diz o ditado: "Não venda a ratoeira, venda a ausência de camundongos".

Um produto não vende a si mesmo. "Atirar" indiscriminadamente as características do produto no cliente, como atirar lama na parede, na esperança de que *um pouco* fique grudada, não é vender. Se eu quero um computador para processar texto e me apresentam um que tem um programa para matemática e contabilidade que jamais usarei, estarei gastando dinheiro com características de que jamais precisarei. Essa capacidade matemática continuará inativa e *eu terei pago por ela.* Essa capacidade "desperdiçada" fará o produto parecer caro, e não trará benefícios. Se os sapatos fossem vendidos em trios e não em pares, o sapato sem uso dentro do guarda-roupa diminuiria a satisfação que sinto com os dois sapatos nos meus pés.

Assim, só as características não criam uma ligação com as necessidades do cliente. Nem as vantagens. Elas são puramente descritivas. Os clientes não querem saber o que o produto pode fazer, eles querem saber se ele pode fazer alguma coisa *para eles.* A parte criativa e inovadora de ser um vendedor é fazer as ligações entre as necessidades identificadas, as características do produto e os *benefícios* que o cliente receberá.

Habilidades para o Novo Bazar

Portanto, agora já vimos por que as pessoas compram, e quais as habilidades necessárias para vender no Novo Bazar? Como escapar das dificuldades do Antigo Bazar e evitar os tentáculos do Bazar Eletrônico?

1. No topo dessa lista colocamos o cuidado consigo mesmo. Quanto mais você se valorizar, mais será valorizado pelos outros. O sucesso é mais do que uma medida da quantidade de produto vendida, ele também se refere à sua qualidade de vida ao vendê-lo. A maior prioridade é cuidar de si mesmo num ambiente onde, apesar dos seus melhores esforços, você ainda pode ser considerado um inimigo.

2. Antes de se encontrar com um cliente, você precisa da habilidade para organizar eficientemente o seu trabalho, preencher seu fluxograma de vendas com clientes potenciais, nomes de clientes e negócios repetidos.

3. No Novo Bazar é essencial obter *rapport* com o cliente. Lembre-se, relacionar-se com uma pessoa de carne e osso é o que faz uma falta crucial no Bazar Eletrônico. Quanto melhores os relacionamentos que você puder criar com os clientes, mais eles confiarão em você e maior a probabilidade de comprarem de você. Num mercado muito competitivo, no qual um produto considerado objetivamente tem poucas vantagens sobre os de um concorrente, o cliente provavelmente fará negócio com a pessoa em quem confiar mais.

4. A capacidade de valorizar as preocupações do cliente, não apenas do seu ponto de vista, mas também do dele, é vital no Novo Bazar. É um salto da imaginação, do seu lugar para o dele e uma das partes mais criativas do trabalho de um vendedor. Esse "desvio" mental não significa que você precisa concordar com os clientes ou aceitar seus valores; simplesmente, você demonstra que compreende e reconhece seus valores. Você continua com seu ponto de vista, apesar de reconhecer que existem outros. Com essas duas perspectivas, fica mais fácil colocar-se de lado e observar imparcialmente o

que está acontecendo numa reunião de vendas. Então, você será capaz de enxergar mais nitidamente o próximo passo para garantir um resultado vitória-vitória.

5. Finalmente, você precisa saber ouvir e fazer perguntas. Esses são os dois lados da mesma moeda. Ouvindo, você obtém *rapport* e descobre as perguntas que deve fazer para eliciar as necessidades, valores e preocupações do cliente. As perguntas orientam a atenção. A qualidade da informação obtida depende da qualidade das perguntas que você faz.

Por que as pessoas compram

Pontos-chave

- As pessoas compram para satisfazer uma necessidade; para sair de um estado problemático e ir para um estado mais desejável.
- As necessidades dos clientes são modificadas por seus valores e sensações. Uma venda bem-sucedida atende às suas necessidades de acordo com os valores deles.
- Um produto tem características, vantagens e benefícios. Os clientes compram benefícios.
- As habilidades em vendas fazem a ligação entre as necessidades do cliente, as características do produto e os benefícios obtidos.
- As habilidades essenciais no Novo Bazar são:
  - cuidar de si mesmo;
  - organizar seu trabalho;
  - obter *rapport*;
  - ser capaz de valorizar o ponto de vista do cliente;
  - ouvir e fazer perguntas.

CAPÍTULO 2

PERGUNTAS

As perguntas são a base para o sucesso em vendas. A habilidade de fazer boas perguntas cria um encadeamento em todo o processo de vendas. O que fazem as perguntas? Por que as fazemos? Do ponto de vista do vendedor, as principais razões para fazer perguntas são:

- criar *rapport*, um entendimento com o cliente;
- descobrir as necessidades do cliente e explorar seus valores e preocupações relacionados à venda;
- aproveitar vendas existentes.

Boas perguntas nos fazem pensar. Boas perguntas obtêm boas informações. Boas perguntas esclarecem o que o cliente quer dizer e criam espaço para considerar outras possibilidades.

Quando você sabe que não sabe, faça perguntas. Perguntando, você compreenderá melhor o que o cliente precisa, na opinião dele. As boas perguntas levam ao objetivo comum de descobrir se o seu produto combina com a necessidade do cliente.

As perguntas se baseiam no seguinte princípio:* lixo para dentro — lixo para fora. Se a pergunta for lixo, a resposta também o será.

Meu exemplo favorito desse tipo de pergunta é o que aconteceu quando os sócios de uma empresa americana ficaram preocupados com a validade das informações obtidas através de pesquisas com os consumidores. A grande maioria das pessoas entrevistadas não respondeu à pesquisa. A empresa solicitou uma pesquisa para fazer a seguinte pergunta às pessoas: "Por que você se recusaria a responder perguntas em uma pesquisa de opinião?". Cinqüenta e quatro por cento das pessoas entrevistadas recusaram-se a responder.

Perguntas abertas e perguntas fechadas

A distinção entre perguntas abertas e fechadas é provavelmente a mais amplamente utilizada nos treinamentos em vendas. Entretanto, a distinção é

---

* No original em inglês o princípio é denominado GIGO, formado pelas letras iniciais Garbage in — Garbage out, sem correspondência em português. (N. do T.)

pequena, a não ser que você possa relacioná-la aos seus motivos para fazer perguntas.

As perguntas fechadas são estruturadas de modo a obter um "sim" ou um "não" como resposta. "Você já sabia disso?" é um exemplo de pergunta fechada. As perguntas fechadas geralmente começam com "é" ou "não é", "será" ou "não será".

O propósito das perguntas abertas é iniciar um assunto e explorar novos caminhos. Geralmente, começam com "como", "o que", "onde", "quando" "qual" ou "quem" e não podem ser respondidas com um simples "sim" ou "não". As perguntas abertas são um meio de estabelecer *rapport* no início de uma reunião, quando você tem poucas informações ou quando suas perguntas devem ser generalizadas: "Como estão os negócios, de modo geral?" ou, naturalmente, "Como vai?".

As perguntas abertas abrem possibilidades. As perguntas fechadas focalizam-se na informação. "Como podemos usar os dois tipos de perguntas para aproveitá-las ao máximo?" é uma pergunta aberta.

Muitos treinamentos em vendas enfatizam o valor das perguntas abertas, mas as perguntas fechadas também são úteis. Elas não fazem o cliente falar, mas será que fazer o cliente falar é sempre uma boa idéia? As perguntas fechadas são úteis para checar informações: "Vocês têm um programa de treinamento programado para os próximos dois meses?" ou "Será que vocês podem tomar uma decisão hoje, a respeito da compra desse produto?"

As perguntas fechadas também são úteis para verificar a compreensão: "Percebo que a entrega na próxima semana é essencial e que vocês não comprarão a menos que possamos garanti-la. Está correto?" ou "Ouvi vocês dizerem que precisam desse *software* como um serviço adicional para senhas, com o objetivo de proteger informações confidenciais. Está correto?".

Com freqüência, elas são chamadas de perguntas reflexivas porque refletem as palavras do cliente de volta para ele. Sempre que tiver dúvidas, verifique a concordância com uma pergunta fechada. Isso é particularmente importante no acordo de vendas, quando você está obtendo e verificando o compromisso de efetuar a compra.

Perguntas diretas e manipuladoras

Aqui, desejamos fazer uma distinção fundamental, baseada no propósito da pergunta.

Perguntas diretas são aquelas que pretendem chegar à verdade. Com elas, fica mais fácil para o cliente dizer o que ele deseja e para você entender o que ele quer dizer. O melhor exemplo de uma pergunta direta é *"O que você deseja?"*.

Perguntas manipuladoras são feitas para levar os clientes a dizer um aquilo que você quer que eles digam. O propósito dessas perguntas é conduzir o cliente para um caminho predeterminado e deixá-lo com menos opções. Um treinamento em vendas para uma empresa que conhecemos consistia do ensino de um *script* contendo uma seqüência com mais de vinte perguntas fechadas. Esse é o Antigo Bazar em sua forma mais óbvia. A pergunta manipuladora essencial seria: *"Você realmente quer isso, não é?"*.

Existem muitos estilos possíveis de perguntas manipuladoras. Eis alguns exemplos. Essencialmente, todas procuram obter uma resposta que o vendedor quer ouvir, e não a que o cliente poderia dar caso tivesse mais liberdade. Nós as incluímos nesta seção para separá-las das perguntas diretas, que serão mencionadas posteriormente, e para que você possa perceber se as está usando por engano, acreditando que é assim que os bons vendedores fazem perguntas.

Carregando ou estruturando

É quando você começa uma pergunta com uma afirmação muito carregada, para influenciar a resposta. Por exemplo: "Tendo em vista o grande aumento de assaltos em residências nessa área, qual sua opinião sobre os alarmes domésticos contra roubos?". Essa é uma pergunta muito diferente de: "O que você acha dos alarmes contra roubo como uma forma de impedir assaltos em residências?".

Uma outra variação é a pergunta "salvação nos números". Por exemplo: "Em uma recente pesquisa, ficou demonstrado que 90% das pessoas estão insatisfeitas com sua atual mobília. Você concorda com essa opinião?". Em geral, o peso dos números não funciona para muitas pessoas.

Polarizando

É uma pergunta fechada feita de maneira a direcionar alguém para uma resposta "sim" ou "não". Ela força a pessoa em direção a um dos dois pólos e, então, a resposta é usada como aceitação de uma condição não-expressa. Por exemplo: "Você está preocupado com o futuro dos seus filhos?". É claro que sim, mas o suficiente para investir na educação particular? "A segurança é importante para você?" É sim, mas não o suficiente para gastar o dobro do meu orçamento na compra de um Volvo.

Esse estilo de perguntas também pretende criar culpa ou sentimentos negativos na pessoa que responde. Assim, se a pessoa não quiser investir na educação particular, pode ser levada a pensar que não se preocupa com o futuro dos seus filhos. Na verdade, não há necessariamente uma relação entre os dois fatos. A educação particular *pode* ser uma das maneiras de proceder se um pai não estiver satisfeito com a atual situação das escolas públicas.

Perguntas negativas

São perguntas formuladas na forma negativa com o propósito de desafiar uma contradição. Por exemplo: "Você não concorda com esse ponto?" ou,

"Não é verdade que você gostaria de...?". Se a pessoa discordar, corre o risco de parecer tola, pois a pergunta pode sugerir que há uma opinião universal em contrário.

Afirmações como perguntas

São afirmações seguidas por um silêncio no qual a ausência de resposta é considerada como concordância. Por exemplo: "Obviamente, você desejará dois destes" ou "Evidentemente, você quer que a entrega seja feita na próxima semana" ou, "É claro que um milhão de pessoas não podem estar erradas". Esses tipos de perguntas pressupõem uma resposta e são expressas de maneira crítica. As perguntas parlamentares são os exemplos mais óbvios. Elas não são usadas para questionar seriamente alguma coisa, mas para defender um ponto de vista político, e geralmente começam assim: "Não é verdade que...?" ou: "Em vista de... você não acha que...?". Qualquer pergunta que começa com "evidentemente" ou "obviamente" é obviamente uma crítica disfarçada em pergunta, não é?

Oferecendo a resposta

Isso acontece quando quem faz a pergunta deseja uma resposta específica ou conseguiu a informação antecipadamente e quer parecer bem informado. Por exemplo: "Quantas pessoas você emprega, cerca de quinhentas ou mais?" "Quando você compra um carro, o importante é a segurança, certo?".

Pressuposições ocultas

É quando você faz uma pergunta, mas para responder o cliente precisa aceitar uma condição oculta. Um exemplo óbvio é: "Que caneta você gostaria de usar para assinar o contrato: a sua ou a minha?". A não ser que vocês tenham concordado previamente com a assinatura do contrato, o cliente está sendo presenteado com uma falsa escolha.

Há outras mais sutis como: "Você compreendeu totalmente por que o nosso produto é o melhor do mercado?". Para responder "sim" ou "não", você precisa aceitar a pressuposição de que o produto é o melhor do mercado. A distorção fica por conta da palavra "totalmente", sugerindo que há alguma coisa que eu ainda não saiba.

Fazendo perguntas-chave

A PNL lida com nossa maneira de pensar e de utilizar a linguagem. Podemos usar as mesmas palavras, mas o que queremos dizer com elas dependerá da nossa experiência pessoal. Com freqüência, a má comunicação ou os mal-entendidos são o resultado de uma mesma palavra, significando coisas diferentes para pessoas diferentes. Provavelmente, você já viveu uma experiência em que um cliente disse alguma coisa e você estava certo de saber exatamente o que ele queria dizer... até descobrir que o que ele queria dizer não era aquilo que você havia entendido. Parte da PNL é a arte de fazer perguntas-chave para evitar esses mal-entendidos. No livro *Introdução à Programação Neurolingüística* (veja a Bibliografia) há uma descrição completa desse aspecto, e aqui utilizaremos as partes particularmente úteis em vendas.

Obtendo informações

Há um poema do escritor inglês Rudyard Kipling que diz:

Tenho seis ajudantes honestos.
Eles me ensinaram tudo o que sei.
Seus nomes são onde, por que, quando,
quem, o que e como.

Quando falamos sobre perguntas abertas no início desta seção, acrescentamos "qual" à lista de ajudantes de Kipling, porém eliminamos o "por quê". "Por que" é um caso especial e merece atenção especial.

A pergunta "Por quê?"

"Por quê?" é a pergunta menos útil em vendas. Quando você pergunta a alguém por que ele fez alguma coisa, obterá um dos dois tipos de resposta: a seqüência de eventos que levaram à ação ou o motivo para a ação.

Por exemplo: "Por que você comprou do nosso concorrente?".

O primeiro tipo de resposta seria: "Porque o seu agente me telefonou há alguns meses e nós nos encontramos na semana passada. Ele me ofereceu o que considerei um bom produto; portanto, comprei".

O segundo tipo de resposta poderia ser: "Porque eles oferecem um excelente produto a um preço justo".

As perguntas "por que" lhe darão justificativas como respostas e poucas informações úteis.

Se você perguntar a uma pessoa por que ela tem determinada opinião, ela lhe dará excelentes motivos, que você não conseguirá refutar sem perder o *rapport*. Ao evocar uma série de justificativas, que agora o cliente precisa defender, tudo o que você consegue é tornar a sua vida mais difícil.

"Por quê?" também tende a ser interpretado como uma acusação e as pessoas ficarão na defensiva. Em vez de perguntar "por quê?" faça perguntas baseadas em "como" ou "o que" para obter informações com as quais você possa trabalhar.

Por exemplo, se um cliente disser: "Eu não acho que isso será econômico", em vez de perguntar "Por que não?", pergunte:

"*Como* você compararia a economia com outros produtos?"
"*O que* você considera uma medida de economia?"

Se um cliente disser: "Acho o produto muito caro", pergunte:

"*Que* preço você consideraria justo?"
"*Como* você chegou a essa conclusão?"

Kipling não era vendedor, portanto podemos melhorar um pouco o seu *staff* doméstico. Vamos promover o "por que" ao departamento de Filosofia, onde ele ficará extremamente ocupado.

Sendo específico

Ao perguntar "como", "o que", "onde", "quando" e "quem" você pode se concentrar especificamente naquilo que o cliente deseja e receber informações ainda não reveladas. A maneira de utilizar essas perguntas dependerá do produto que você está vendendo e da informação de que precisa.

Como você sabe que não sabe alguma coisa que precisa saber?

Alguns vendedores criam uma imagem mental das necessidades do cliente, como uma escultura tridimensional. Quando não conseguem enxergar um detalhe em sua imagem mental, fazem uma pergunta específica para preencher o espaço vazio. As respostas às suas perguntas vão preenchendo os vazios até eles entenderem e, enquanto prosseguem, vão verificando se há concordância.

Por exemplo, o cliente diz: "Entregue sua proposta na semana que vem".
Você deveria perguntar:

"O que devo colocar na proposta para ajudá-lo?"
"Qual a sua extensão?"
"Para quem devo enviá-la?"
"Quando exatamente você gostaria de recebê-la?"

Cada empresa tem padrões próprios para avaliar propostas e a sua proposta poderá ser desperdiçada se você não souber antecipadamente quais são esses padrões.

Um outro exemplo: "Eu quero um bom serviço de atendimento pós-venda".
As perguntas que você deveria fazer são:

"Você pode me explicar o que quer dizer com um 'bom serviço de atendimento pós-venda'?"
"Com que freqüência você gostaria de receber visitas de atendimento?"
"Quanto tempo após a solicitação você precisaria de um engenheiro?"

Essas perguntas são óbvias, embora você possa cair na armadilha de pensar que sabe o que o cliente quer dizer.

Esclarecendo o que o cliente quer dizer

Nunca suponha que você sabe o que o cliente quer dizer. Os filósofos e os lingüistas não conseguem chegar a um acordo sobre o significado das palavras e esse é o trabalho deles. Os casos legais consomem semanas e fortunas para chegarem a uma decisão sobre a interpretação de documentos legais — escritos com a intenção expressa de serem tão claros quanto possível.

Muitas pessoas acreditam que cada palavra possui algum significado fixo eterno que todos conhecem ou deveriam conhecer. Se fosse assim, a vida seria muito mais simples! Na prática, as palavras significam exatamente o que cada pessoa acha que elas significam. As palavras descrevem pensamentos e experiências e os nossos pensamentos e experiências são únicos. Embora todas as pessoas compartilhem uma compreensão mais abrangente, é como se cada um de nós falasse idiomas ligeiramente diferentes, cada um utilizando o próprio dicionário pessoal.

Muitos vendedores pressupõem que o cliente deseja e gosta das mesmas coisas que eles. É muito mais seguro pressupor o contrário. Deixe a leitura mental para o picadeiro colorido do circo, que é o seu lugar. Naturalmente, sabemos que você jamais pensaria em fazer uma leitura mental. Por que fazer leitura mental quando pode perguntar diretamente?

O esclarecimento do significado leva à compreensão compartilhada e evita aqueles terríveis círculos que começam com "Mas eu pensei que você queria dizer...". Aqui estão algumas das principais armadilhas na compreensão mútua e as perguntas que devem ser feitas para evitá-las.

Comparações

Um cliente pode dizer: "E quero um serviço melhor do que aquele oferecido pelo meu último consultor financeiro". O cliente está fazendo uma comparação. Sempre que ouvir uma comparação, fique atento. "Melhor", "pior", "mais rápido", "mais devagar", "mais" e "menos" são comparações. A não ser que você faça perguntas para compreender melhor *como* o cliente mede seus valores, o seu serviço ou produto serão comparados com outro e você não terá nenhuma idéia da base dessa comparação.

Pergunte: "Você pode me dizer o que considerava insatisfatório em seu último consultor, para que eu possa entender como ser melhor do que ele?".

Outros exemplos de comparações são:

"Eu quero mais visitas de atendimento do que anteriormente."
Pergunta: "Quantas visitas você recebia e quantas gostaria de receber?"

"Espero que esta máquina seja mais rápida do que a última."

Pergunta: "Qual a rapidez da última e qual a rapidez que você gostaria que essa tivesse?"

Lembre-se de que "bom" e "ruim" também são comparações. Uma comparação estabelece um padrão de medida. Se você não souber que padrões estão sendo utilizados, ficará em desvantagem. Descubra o que era insatisfatório, e, então, descubra o que o cliente deseja em seu lugar.

Questione uma comparação perguntando sobre o padrão que o cliente está usando.

Generalidades

Suponha que um comprador diga: "Nossos concorrentes estão se tornando muito agressivos. Os consumidores estão mais alertas e conscientes dos preços. Precisamos nos organizar ou não conseguiremos nada".

Isso lhe dá uma idéia ampla de como ele está pensando. Mas, exatamente, quais concorrentes estão se tornando competitivos? Como eles estão fazendo isso? Que consumidores estão mais alertas e conscientes dos preços? Como eles estão demonstrando isso?

"Como exatamente...?"

As negociações tratam de ações e realizações, portanto esclareça o máximo possível aquilo que o cliente ou o gerente querem que você faça. Pergunte não apenas *o que* eles querem que você faça, mas *como* querem que seja feito. Você precisará fazer algumas perguntas: "Como exatamente...?" "Como exatamente você deseja a entrega?" ou "Como exatamente devo organizar uma demonstração?".

Um outro aspecto é perguntar *o que,* exatamente, o cliente deseja. Por exemplo:

"Eu gostaria de ver o que essa máquina pode fazer."

"Como exatamente você gostaria de fazer isso?"

Criando possibilidades

Absolutos

Preste atenção em palavras absolutas como "sempre" e "todos". Elas interrompem qualquer argumento e não aceitam exceções. E, no entanto, sabemos que (quase) sempre há uma exceção para o "sempre". Assim, em resposta a: "Eu sempre compro da empresa XYZ", você poderia perguntar: "O que você considera tão bom na empresa XYZ?". Dessa forma, você saberá o que a empresa XYZ está fazendo e que o cliente considera importante. Você também pode fazer melhor quando conhecer a opinião do cliente. Complete a primeira pergunta com: "Em que circunstâncias você poderia fazer uma exceção?". Ou: "Se pudermos melhorar isso, você consideraria a possibilidade de comprar de nossa empresa?".

"Nunca" é outra palavra paradoxalmente limitadora. Por exemplo: "Nunca tenho tempo para aprender um novo programa de *software*". Há diversas maneiras de responder a essa afirmação. Você pode dizer, num tom de voz incrédulo, "*Nunca?*". Enfatizando a palavra, você pode levar o cliente a modificá-la: "Bem, quase nunca".

Em segundo lugar, você pode pedir diretamente uma exceção: "Você tem certeza de que nunca houve uma ocasião em que você conseguiu?". Então, pode completar dizendo: "Na ocasião em que você conseguiu, o que foi que lhe permitiu encontrar tempo?".

"Ninguém mais faz isso dessa maneira" pode ser respondido com: "Você quer dizer, nem uma única pessoa?" ou: "Meu último cliente não gostaria de ser chamado de ninguém!" (só use essa última pergunta se você tiver um bom *rapport*) ou, finalmente, "Qual seria uma boa razão para fazer isso dessa maneira? Existem quaisquer vantagens?".

As palavras absolutas limitam as possibilidades. *Questione as palavras absolutas pedindo uma exceção e aproveitando esse exemplo.* Se o cliente realmente não puder lembrar-se de uma exceção, peça-lhe que imagine uma.

Finalmente, tenha cuidado ao usar esse tipo de palavras. Os clientes podem desafiar as suas afirmações absolutas e, então, você precisará modificá-las. Não caia na armadilha de fazer afirmações tais como: "Todos os nossos clientes concordam com você" ou "Nós nunca atrasamos uma entrega", a não ser que sejam verdadeiras. Use uma palavra absoluta somente se puder justificá-la absolutamente.

Regras

As palavras que indicam regras são "precisar" e "dever", com seus opostos, "não precisar" e "não dever". Elas podem ser um campo minado, portanto pise com cuidado.

As empresas clientes têm regras. "Primeiro, você precisa telefonar para marcar uma entrevista." "Esse formulário deve ser preenchido em três vias." Quando possível, aceite as regras organizacionais, pois não se ganha nada discutindo. Discuta somente se for importante para você e para a venda, e seja gentil. Quanto mais absurda a regra, mais o cliente pode precisar justificá-la.

Entretanto, algumas vezes os clientes estabelecerão limites pessoais desnecessários. Por exemplo: "Você precisa fazer esta entrega até a próxima quinta-feira". Isso pode ser difícil. Portanto, explore as conseqüências: "O que aconteceria se a entrega fosse feita na sexta-feira?". As conseqüências podem não ser tão desastrosas quanto se imagina.

Quando lhe disserem que alguma coisa "precisa" ou "deve" ser feita, você pode questionar: "O que aconteceria se não fosse?".

Por exemplo:

"Você deve ligar na próxima sexta-feira."

Pergunta: "Na próxima sexta-feira não estarei no escritório. Poderia ser num outro dia?".

Quando lhe disserem que alguma coisa "não precisa" ou "não deve" ser feita, você pode perguntar: "O que aconteceria se fosse?".

Por exemplo:

"Você não deve marcar um encontro antes do meio-dia."
Pergunta: "O que aconteceria se eu marcasse?".

Se "precisar" é uma simples cerca de madeira, então, "não poder" é uma parede de tijolos. Ela indica uma regra muito mais forte. "Não posso decidir ainda" ou "Não podemos fazer o pedido agora" soa definitivo.

Novamente, você pode fazer algumas perguntas-chave. "Por que não?" é indelicado. "Quais os impedimentos?" é mais elegante. Talvez o cliente precise de uma autorização da administração, esteja adiando ou tenha uma regra mental do tipo: "Somente vendedores persistentes conseguem os nossos pedidos". As perguntas fornecerão informações com as quais você poderá trabalhar; as regras ocultas não precisam impedir que o cliente obtenha o que ele deseja, quando deseja.

Quando lhe disserem "não posso", pergunte sobre possíveis obstáculos e problemas: "O que impede que isso aconteça?".

Por exemplo:

"Eu não posso fazer o pedido hoje."
Pergunta: "O que o impede de fazer o pedido hoje?".
"Temo que o nosso departamento não possa mais comprar o seu produto."
Pergunta: "Sério? Qual o problema?".

Perguntas de acompanhamento

Você pode usar perguntas para abrir a possibilidade de conseguir mais vendas. Além de descobrir novos clientes, você desejará saber o que mais pode fazer pelos clientes atuais.

Uma pergunta que você pode usar é:

"Como, exatamente, poderei atender às suas necessidades no futuro?"

As outras são:

"De que outro modo posso ajudá-lo?"
"O que precisamente eu e minha empresa poderíamos fazer para negociarmos mais na área de..."

"O que está faltando em nosso produto e que você gostaria?"

"Há mais alguém em sua empresa ou fora dela com necessidades seme-lhantes às suas e que poderia estar interessado em nosso produto?"

Como fazer e como não fazer perguntas

Agora, algumas armadilhas a serem evitadas. Você não quer que o cliente se sinta como se estivesse sendo examinado pela Inquisição Espanhola. Assim, é importante saber quando parar de fazer perguntas. Os ajudantes de Kipling são muito úteis, mas como você se sentiria se eles continuassem interrompendo e perturbando, perguntando (da maneira mais agradável possível, é claro) se você deseja mais alguma coisa?

Perceba quando já tem informações suficientes. Você criou uma imagem detalhada das necessidades do cliente? Você precisa voltar constantemente para trás e fazer perguntas sobre aspectos da venda que deixou escapar? Se isso estiver acontecendo, é sinal de que você precisa fazer perguntas mais específicas.

A característica oposta e igualmente distrativa é continuar fazendo perguntas e não conseguir nenhuma informação nova.

Suavizando as perguntas

Um questionamento contínuo pode ser considerado agressivo e desenca-dear uma atitude defensiva, portanto, entremeie as suas perguntas com outros comentários e discussões mais generalizados. Use suavizadores para suas perguntas, quando forem necessários.

Há duas maneiras para suavizar uma pergunta. A primeira é usar o tom de voz. Um tom de voz agressivo, áspero ou alto, gera resistência. Você pode usar a tonalidade natural de uma pergunta para ajudá-lo. Se o seu tom de voz permanecer igual até o final de uma frase, sugere uma afirmação. Se diminuir no final de uma frase, dá a impressão de uma ordem. Se elevar-se no final de uma frase, tem o efeito de uma pergunta.

Tente essa experiência. Diga: "Você pode fazer isso" nas três diferentes maneiras e observe o efeito.

Você também pode eliminar o tom de pergunta de sua voz quando quiser fazer afirmações.

Tente essa experiência. Diga: "Nós temos um excelente produto" primeiramente num tom de voz igual e depois num tom de voz ascendente. Com o tom ascendente ela se torna uma pergunta, quase como se você não acreditasse no que está dizendo e estivesse pedindo uma confirmação do cliente. Para obter esse efeito, só é preciso uma ligeira mudança no tom de voz. Alguns vendedores não percebem o que estão fazendo e perdem credibilidade com esse tom de voz.

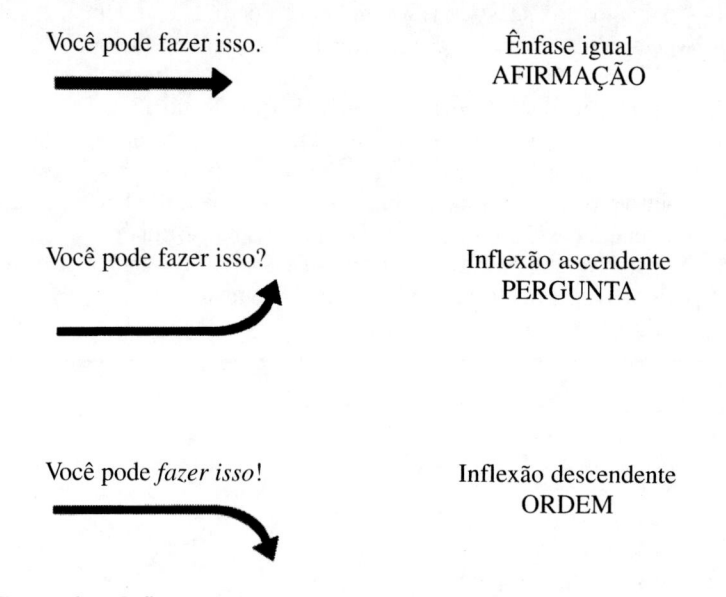

Você pode fazer isso.

Ênfase igual
AFIRMAÇÃO

Você pode fazer isso?

Inflexão ascendente
PERGUNTA

Você pode *fazer isso*!

Inflexão descendente
ORDEM

Figura 1 — Inflexões vocais

A segunda maneira de suavizar suas perguntas é através das palavras que usa. Por exemplo, você pode preceder suas perguntas com frases como:

"Estou interessado em saber se..."
"Estou pensando se..."
"Você se importaria em me dizer..."

Você também pode "anunciar" as perguntas. Isso significa que você informa o cliente antecipadamente, e, assim, ele sabe que uma pergunta vai ser feita e pode ficar preparado e receptivo.
Por exemplo:

"Gostaria de lhe perguntar um pouco sobre..."
"Gostaria de esclarecer um ponto perguntando..."
"Se eu pudesse examinar um pouco mais esse ponto, verificando..."
"Você se importaria se eu fizesse uma pergunta sobre..."

Perguntas longas e múltiplas

Evite o erro comum de fazer perguntas múltiplas, ou seja, com a intenção de obter maior clareza, para criar um relacionamento ou porque acha que deve dirigir a conversa.

Por exemplo: "As suas férias foram boas? Quero dizer, o tempo estava quente? Você parece bem, o hotel era agradável? A comida era boa?"

"Sim."

Mas "sim" para qual parte desse ataque de metralhadora?

Obtenha uma resposta para uma pergunta antes de fazer outra. Fazer mais do que uma pergunta de cada vez confundirá o cliente.

Um outro erro comum é a pergunta do tipo "Guerra e Paz". São perguntas que vagueiam, passeiam pela floresta e pelos campos, pela praia, sobem uma montanha e voltam para a floresta antes de, finalmente, chegar. A maioria das pessoas acha difícil acompanhar uma pergunta ou afirmação oral contendo mais de vinte palavras.

Perguntas

Pontos-chave

- As boas perguntas têm objetivo.
- As perguntas são usadas para:
    - criar *rapport*;
    - descobrir as necessidades do cliente e explorar seus valores e preocupações relacionados à venda;
    - aproveitar vendas existentes.

- As *perguntas abertas* não podem ser respondidas com "sim" ou "não". Elas estimulam idéias e discussão.
- As *perguntas fechadas* podem ser respondidas com "sim" ou "não". Elas são úteis para checar informações.
- As *perguntas diretas* envolvem as necessidades do cliente.
- As *perguntas manipuladoras* pretendem fazer o cliente dar a resposta que o vendedor deseja.

USE PERGUNTAS DIRETAS PARA:

- Obter informação específica:
    - use perguntas "como", "o que", "onde", "quando", "qual" e "quem".
- Esclarecer o que o cliente quer dizer:
    - evitar a leitura mental;
    - questionar as comparações;
    - questionar as generalidades;
    - questionar pedidos de ação que não estejam claros.
- Criar possibilidades:
    - questionar as palavras absolutas ("nunca", "sempre", "ninguém", "todos");

- questionar as regras ("dever", "não dever", "precisar", "não precisar", "é necessário").
- Usar as perguntas para fazer um acompanhamento e conseguir mais clientes.
- Quando necessário, utilizar suavizadores:
  - tom de voz;
  - tipos de frases;
  - anunciar a pergunta antecipadamente.
- Fazer apenas uma pergunta de cada vez.
- Fazer perguntas curtas e claras.

CAPÍTULO 3

PLANEJANDO O TRABALHO EM VENDAS

Vender é estar face a face com um cliente. Só interagindo com um cliente você sente que está usando plenamente suas habilidades. O contato pessoal é a parte mais excitante e criativa do trabalho; isso é que *é* vender. Você faz sozinho o planejamento e a organização. Eles não são *glamourosos*. Pessoas pouco interessantes planejam. Pessoas pouco interessantes arrumam a mala alguns dias antes de sair de férias. Então, elas chegam com tudo o que planejaram levar. Pessoas excitantes arrumam a mala minutos antes de partir. Algumas vezes, precisam levar roupas sujas. E sempre esquecem alguma coisa e precisam usar sua criatividade para sair daquela situação difícil.

Se você não planeja, cria muitas oportunidades para demonstrar os seus recursos, suas habilidades de reatividade e sua aversão pelo conformismo e pelas convenções. Entretanto, a organização e o planejamento sustentam todas as outras habilidades e criam espaço para as partes mais excitantes do trabalho. A sua maneira de planejar e organizar o seu tempo e o seu trabalho influenciam diretamente a quantidade de vendas e o quanto você ganha. Não faz sentido ser ótimo para lidar com o cliente se, devido à má organização, você quase nunca fica face a face com as pessoas. O bom planejamento garante clientes adequados e reuniões mais produtivas. Um mau planejamento significa tempo desperdiçado. Uma pesquisa realizada com vendedores de *software* descobriu que 32% do tempo era desperdiçado *esperando,* 24% na administração e reuniões, 5% atendendo a telefonemas e apenas 39% vendendo.

Para aqueles que aspiram à gerência, é essencial ser organizado. Geralmente, a única ocasião em que um vendedor é promovido a gerente, simplesmente por ser um excelente realizador, é quando ameaça deixar a empresa e esta não pode se arriscar a perdê-lo para um concorrente. Normalmente, as pessoas são promovidas porque entendem o processo de vendas, conhecem os produtos, o mercado e a empresa, relacionam-se bem com os outros e apresentam bons resultados e um mínimo de problemas para a administração. Uma das maneiras de julgar o último critério é observar quanto uma pessoa é bem organizada.

Organização não é o oposto de criatividade e tem pouco a ver com ordem. Não se trata de ser idiota. É muito simples. É decidir o que você quer, o que vai fazer para conseguir, e quanto tempo vai levar. Se você negligenciar isso, perderá oportunidades de vendas, desperdiçará tempo com clientes pouco adequados e, finalmente, gastará *mais* tempo do que o justificável tornando-se organizado.

Esta seção do livro lhe mostrará como fazer o mínimo para obter resultados máximos. Se você já é bem organizado, parabéns. Esta seção lhe dará algumas novas escolhas e algumas maneiras de se tornar ainda mais eficaz.

Há quatro estágios principais na boa organização:

1. Estabelecer objetivos.
2. Dividir os objetivos em tarefas viáveis.
3. Estabelecer prioridades.
4. Administrar suas tarefas através do tempo.

Estabelecer objetivos

O estabelecimento de metas ou objetivos é essencial para o sucesso profissional. Sem objetivos, você não tem nada para planejar ou organizar. Os objetivos são as coisas que você deseja alcançar. O sucesso é a realização progressiva dos seus objetivos importantes, predeterminados. Você estabelece objetivos que o levarão do lugar em que se encontra agora para o lugar onde deseja estar e você aproveita a viagem, bem como o resultado final. As viagens levam tempo e a sua maneira de utilizá-lo é importante. Administrar o tempo é um termo enganador. Você não pode administrar o tempo. O tempo se administra. Você só pode administrar aquilo que faz no tempo disponível. E todos dispõem da mesma quantidade — 24 horas por dia. Administre os seus objetivos e o tempo se administrará.

Enquanto você realiza o processo de estabelecimento de objetivos a seguir, é essencial anotar os resultados.

Você não precisa usar o cérebro como um recipiente que deve ficar sempre cheio. Essa é a fôrma errada, feita do material errado. Como disse Sean Connery, como pai de Indiana Jones no filme *A última cruzada*, quando lhe pediram para lembrar-se de uma informação que ele rabiscara num pedaço de papel: "Eu a anotei para não *precisar* me lembrar dela".

- Pense nos seus projetos de vendas mais importantes no momento. Eles podem ser de curto, médio ou longo prazos. Quais os seus objetivos para esses projetos? O que você deseja alcançar com cada um deles? Resuma numa frase.
- Determine um prazo final para cada projeto.
- Examine cada projeto em seqüência, checando e anotando os seguintes pontos:

Pense na forma positiva: naquilo que você quer realizar, não no que você deseja evitar. "Eu quero fazer uma venda para a empresa X, na apresentação de quarta-feira", é positivo. "Eu não quero ter nenhum problema com a empresa Y" é negativo. Você não pode alcançar um objetivo negativo. Anote o que você quer, não o que você não quer.

Certifique-se de poder avaliar o seu sucesso. Como você saberá que atingiu aquele objetivo? O que você verá, ouvirá ou sentirá quando tiver alcançado aquele objetivo? Se o seu objetivo é vender para a empresa X, então você desejará ver o pedido, ouvir a confirmação e sentir-se exultante pelo seu sucesso.

Examine os recursos que você tem e que o ajudarão a atingir o objetivo. Que pessoas podem ajudá-lo? Quais os contatos, as qualidades pessoais, ferramentas e habilidades que você possui e que o ajudarão?

Agora, pense mais detalhadamente. Quem exatamente estará envolvido? Onde acontecerá? Quando acontecerá? Quanto tempo levará?

Explore as conseqüências para si mesmo e para as outras pessoas. Você precisará da ajuda de outras pessoas e poderá contar com isso? Isso significa que você precisará trabalhar vinte horas por dia durante a próxima semana? Do que você terá que desistir para alcançar esses objetivos? Finalmente, ele é realista, considerando o que descobriu até agora?

Verifique cada um dos seus objetivos usando a fórmula a seguir:*
Específico
Mensurável
Viável
Realista
Planejado

Dividir os objetivos em tarefas viáveis

Agora, analise os objetivos e pergunte o que precisa acontecer para alcançá-los. O que o impede de realizá-los agora? Você pode fazer isso de duas maneiras.

1. Olhe para o futuro, partindo do agora até o momento em que completará a tarefa. Quais os passos necessários para alcançar o objetivo?

---

* No original em inglês a fórmula é denominada SMART (esperto), formada pelas iniciais das palavras *Specific, Measurable, Achievable, Realistic, Timed*, sem correspondência em português. (N. do T.)

2. Imagine que você já alcançou o objetivo. Agora, imagine estar olhando para trás, para o presente. Quais os passos e estágios que o orientam de lá até o agora?

Divida cada objetivo em não mais do que sete tarefas que você precisa executar para alcançar seus objetivos principais. Elabore um plano de ação para as tarefas que você fará numa seqüência básica.

Figura 2

O objetivo: Estabelecer a empresa XYZ como cliente.

Evidência: Eu veria o pedido, ouviria uma confirmação verbal pelo telefone, o meu gerente me elogiaria e eu ficaria excitado por ter conseguido.

Recursos: Minhas próprias habilidades em vendas, o *know-how* técnico do departamento de serviços, o apoio e encorajamento do meu gerente e o interesse e possível envolvimento do diretor administrativo.

Quem, onde, quando: Eu estaria envolvido com meu gerente e com o diretor administrativo. Para a XYZ haveria o envolvimento do seu chefe de compras, do usuário final e do diretor financeiro. As discussões de vendas aconteceriam no escritório da XYZ com uma demonstração realizada em nosso *showroom*. O processo levará três semanas para ser iniciado e seis meses para ser concluído.

Implicações: As implicações positivas são que eu lucrarei financeiramente, o meu prestígio e perfil aumentarão e minha maneira de lidar com essa venda poderia me tornar um candidato à gerência. As possíveis implicações negativas são que eu terei de me esforçar muito agora para ser recompensado posteriormente. Isso poderia reduzir os resultados de curto e médio prazos e precisarei trabalhar horas extras. (Essas necessidades devem ser examinadas no meu planejamento.)

Do que eu precisaria desistir? Para alcançar esse objetivo precisarei diminuir as atividades sociais. Isso provocará um impacto no meu parceiro. (Para que essa questão não prejudique a realização do meu objetivo como parte do meu planejamento, será necessário discuti-la com o meu parceiro e obter o seu apoio.)

Realista? O objetivo é realista. Atualmente, a XYZ utiliza produtos similares aos nossos. Nós temos uma vantagem competitiva sobre o atual fornecedor, no que se refere à qualidade e prazos de entrega. No passado, a

---

XYZ considerou a idéia de usar nossos produtos e isso não aconteceu devido à maneira como conduzimos as discussões de vendas.

Tarefas viáveis:
• Discutir com meu parceiro as implicações do aumento no curto prazo e no ritmo de trabalho.
• Escolher com meu gerente a melhor abordagem inicial para a XYZ.
• Compreender que no curto prazo pode não haver resultados.

• Checar os recursos disponíveis.
• Fazer telefonemas para estabelecer uma pessoa para contato.
• Conversar com outras pessoas que já venderam para a XYZ.
• Falar com as pessoas envolvidas em nossa tentativa fracassada de vender para a XYZ no passado.

Esse processo divide seus objetivos numa série de pequenas tarefas possíveis que precisam ser executadas diariamente e irá prepará-lo para as revisões de vendas com o seu gerente. Ele também o ajudará a evitar as duas grandes armadilhas da administração do tempo e estabelecimento de objetivos:

1. Uma das armadilhas é perder-se nas minúcias de pequenas tarefas diárias e esquecer o objetivo que elas pretendem alcançar. Um telefonema é, em si mesmo, uma coisa simples e provavelmente não o deixará louco de entusiasmo, mas se você considerá-lo como um passo em direção àquela grande venda que planejou, é mais fácil fazê-lo.
Associe as pequenas tarefas rotineiras aos seus objetivos.

2. A segunda armadilha é ficar sobrecarregado pelo tamanho de uma tarefa, assumindo mais coisas do que é capaz e achar que precisa fazer tudo ao mesmo tempo. Nossos cérebros têm o hábito de nos apresentar todos os nossos objetivos ao mesmo tempo. Como se come um elefante? Um bocado de cada vez. Você só pode dar um passo de cada vez e só precisa dar um passo de cada vez. Sempre que uma tarefa lhe parecer grande demais para ser executada, divida-a em tarefas menores.
Divida os grandes objetivos em tarefas viáveis.

Estabelecer prioridades

Agora, você tem a sua lista de tarefas e pode começar a pensar numa base diária.
Divida suas tarefas em duas categorias:

Urgente　　　　　　　　**Não urgente**

As atividades urgentes são aquelas que você precisa fazer. Elas podem estar direta ou indiretamente relacionadas aos seus objetivos. As atividades urgentes exigem sua atenção imediata. As não-urgentes são fáceis de classificar. Elas são todo o resto.

Em seguida, divida todas as tarefas em outras duas categorias:

Importante   **Não importante**

As atividades importantes apresentam resultados e estão diretamente relacionadas aos seus objetivos. Elas são aquilo que você valoriza no seu trabalho. Em seu livro *The seven habits of highly effective people,* Stephen Covey apresenta uma excelente seção sobre administração do tempo, usando essas distinções.

- Dê prioridade às atividades *urgentes e importantes.* Se a maior parte do seu tempo é utilizada nessa área, então você pode ser o tipo de pessoa que cria emergências com muita facilidade. Se grande parte do seu tempo parece ser empregada aqui, observe de que maneira você pode estar contribuindo para essa situação, negligenciando o trabalho que é importante, porém não urgente. Quando você deixa de lado as tarefas importantes, porém não urgentes, elas se tornarão urgentes. Desperdiçar o tempo apagando incêndios e lidando com emergências é estressante e desnecessário.

  Um excesso de tarefas incluídas nas categorias urgente e importante também dificulta o planejamento. Elas consomem tempo, o distraem e, arriscamos perguntar, são excitantes? Após um dia cheio de trabalho urgente e importante, você realmente sente que mereceu o seu dinheiro. Mas, geralmente, essas tarefas urgentes não o aproximam dos seus objetivos, elas apenas adiam um desastre. Se planejar melhor, você descobrirá que desperdiça menos tempo com elas. Uma maneira de saber se você está mais bem-organizado é notar se dedica menos tempo a essas tarefas frenéticas. Não é preciso trabalhar mais, apenas ser mais esperto — uma distinção que não é apreciada pelos viciados em trabalho; eles são viciados em trabalho, não em resultados ou sucesso.

- As atividades *importantes e não urgentes* são aquelas que lhe trarão os melhores resultados com um mínimo de esforço. São elas que realizam seus objetivos. À medida que você administrar o seu tempo e os seus projetos com mais eficácia descobrirá que a maior parte das suas atividades se encaixa nessa área. É aí que você pode tomar uma atitude para eliminar muitas das crises que consomem o seu tempo. Sempre haverá crises, mas você pode reduzi-las ao mínimo. Estabelecer objetivos, construir bons relacionamentos com clientes, planejar a longo prazo e preparar-se para reuniões também pertencem a essa área.

- As atividades *urgentes mas não importantes* provavelmente são as maiores consumidoras de tempo, porque geralmente as consideramos importantes. Com freqüência, são atividades de curto prazo e quase sempre envolvem as expectativas de outras pessoas a seu respeito. Os dois principais culpados são:

O telefone — ele não toca, ele insiste, como alguém puxando incessantemente a manga da sua camisa. Ele exerce poder sobre nós porque não nos dirá quem está do outro lado da linha, a não ser que atendamos. Poderia ser aquele cliente importante cujo telefonema estávamos aguardando? Aquele endereço vital? Uma emergência?

Seja honesto; provavelmente, não. Se você está esperando um telefonema importante, então tudo o que precisa é de alguém para atender ao telefone. Se você tem um assistente, ele pode atender, transferir a chamada para outra pessoa ou anotar o recado para você ligar de volta quando *lhe* for conveniente.

Se você não tem um assistente, faça um acordo com seus colegas para que alguém sempre atenda ao telefone. Use um sistema de atendimento eletrônico ou tire o telefone do gancho.

A correspondência — Há três categorias de correspondência: os papéis inúteis que você pode jogar fora; as cartas que só necessitam de uma olhada rápida e não precisam ser respondidas, somente arquivadas, e aquelas que precisam ser respondidas. Divida esse último grupo em urgente/não urgente e importante/não importante e trate delas durante o dia.

• Finalmente, as atividades *não urgentes e não importantes* (e também não necessárias). Provavelmente, você já sabe quais são. Lembre-se do ditado: "Matar tempo não é assassinato, é suicídio". As atividades não urgentes e não importantes precisam da nossa colaboração antes de se tornarem um problema.

O tempo gasto em viagens se encaixa nessa categoria. Os encontros face a face são caros para as companhias de vendas e para os clientes. Cada vez mais os negócios podem e estão sendo feitos pelo telefone. Entretanto, separe essas atividades que não trazem resultados de atividades como relaxar e cuidar de você. Com certeza, sua saúde é importante e pode ser urgente.

Excesso de atividades

Muitos pingos de chuva podem resultar numa tempestade. Portanto, modere seu ritmo. Assumir coisas demais para agradar aos outros terá o efeito oposto se você deixar as coisas escorregarem devido à pressão no trabalho. As palavras "não" e "mais tarde" são maravilhosas. Você pode suavizá-las ou ser direto, dependendo da pessoa com quem estiver falando. Pode ser difícil dizer "não" para um gerente. Tente alguma coisa assim:

"É claro que farei isso, mas quero lhe falar sobre algo em que estou trabalhando no momento."

Mostre os seus projetos. Quanto mais cuidadosamente organizados, mais impressionantes eles serão.

Então, diga algo como: "Assim, calculei que eles tomarão grande parte do meu tempo nos próximos dias. Se eu fizer o que você acaba de me pedir, precisarei interromper um deles. Qual deles você gostaria que eu cancelasse ou reprogramasse, para que eu possa executar essa última tarefa?".

O que dissemos até agora é importante e não é novidade. Todos sabemos como é importante administrar bem o tempo e uma das maneiras para realmente entender isso é rever a última semana e calcular quanto tempo você gastou em contatos com clientes. Agora, calcule o valor desse tempo distribuindo o seu rendimento por hora de contatos face a face. Pode ser muito dinheiro. Dedicando apenas uma hora a mais nos contatos face a face você poderia aumentar seus resultados em termos financeiros, sem nenhuma melhora na sua habilidade em vendas.

Portanto, o que poderia impedi-lo de usar o seu tempo para obter os resultados que deseja?

Administrando seus objetivos através do tempo

Essa é a área onde a PNL pode fazer uma contribuição única. Os esquemas de administração do tempo parecem ser comuns a todos, embora muitas pessoas não os utilizem e não possam utilizá-los. Eles são baseados na pressuposição de que todos experimentamos o tempo da mesma maneira. Não é verdade. A ironia é que a administração do tempo agrada às pessoas que *já* são organizadas e pensam dessa maneira. Algumas pessoas são naturalmente organizadas e outras não, e isso acontece devido às diferentes maneiras de experimentarmos o tempo *subjetivamente. Essa* é a área da PNL.

Se você acha difícil administrar o seu trabalho, compreender como você experimenta o tempo fará uma tremenda diferença. Se você acha fácil, ficará mais fácil ainda.

Pense em como você experimenta o tempo em sua mente. Externamente, medimos o tempo em termos de distância e movimento — um ponteiro móvel no mostrador de um relógio — mas todos temos métodos particulares para organizar nossas lembranças e planejar o futuro. Faça a seguinte experiência e descubra como você experimenta o tempo.

Linhas temporais

A maioria das pessoas experimenta o tempo como uma linha ligando passado e futuro. Pense em alguma coisa que aconteceu ontem. Alguma coisa que você viu e ouviu. Agora, pense numa experiência ocorrida há algumas semanas. Ambas estão no passado. De que direção essas experiências parecem vir? Da direita ou da esquerda? De cima ou de baixo? À sua frente ou atrás de você?

Agora, pense em algum acontecimento que você prevê para o futuro. De que direção ele parece vir?

Quando você perceber de onde vêm as lembranças passadas e as esperanças futuras, observe como elas estão ligadas por uma linha. Essa é a sua linha temporal. Observe em que lugar o "agora" aparece na linha temporal. Ele parece estar dentro ou fora do seu corpo?

As linhas temporais se encaixam em duas categorias amplas. A primeira é quando você experimenta o "agora" como se ele estivesse fora do seu corpo, geralmente à sua frente. É como se você pudesse ficar um pouco fora do curso do tempo, observando-o passar. Geralmente, suas experiências passadas e futuras parecem estar à sua frente, numa linha que vai da direita para a esquerda. Isso é chamado de *através do tempo*.

A segunda é quando você experimenta o "agora" como se ele estivesse dentro do seu corpo. Isso é chamado de *no tempo*. Se você for uma pessoa "no tempo", geralmente sua linha temporal terá o passado atrás de você e o futuro à sua frente.

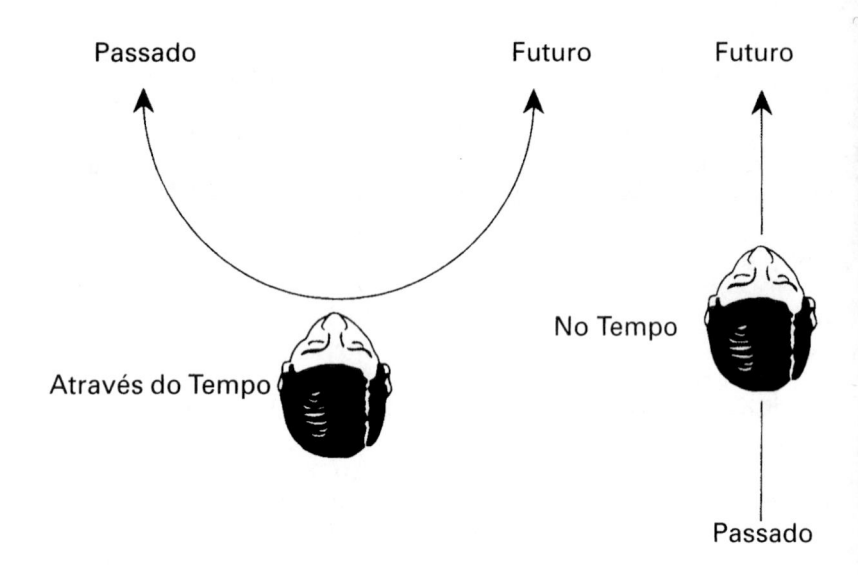

Figura 3 — Linha no tempo e através do tempo

A PNL fez muitas pesquisas sobre as linhas do tempo e talvez você queira ler alguns livros que tratam delas mais detalhadamente (veja a Bibliografia: *Time line therapy and the basis of personality*, de Tad James). Planejar é muito mais fácil para as pessoas com uma linha através do tempo. Como ele está traçado à sua frente, é mais fácil ver e planejar a seqüência de tarefas. Elas marcam compromissos e os cumprem. Elas acham mais fácil estabelecer prazos e cumpri-los e esperam que os outros façam o mesmo. Essa é a linha do tempo que prevalece no mundo dos negócios, onde "tempo é dinheiro".

Uma pessoa "no tempo" está muito mais focalizada no momento presente, experimentando as coisas à medida que elas acontecem. Ela pode literalmente "colocar o passado para trás". Tende a viver de maneira menos organizada e, geralmente, não estabelece prazos. As pessoas "no tempo" podem parecer menos confiáveis e interpretar os compromissos de maneira mais flexível. Não é que elas não tenham energia ou habilidade, apenas que, necessariamente, não relacionam as coisas em que estão envolvidas agora com um futuro planejado.

Uma categoria não é melhor do que a outra. Tudo depende do que você quer fazer. Há muitas atividades em que você desejará estar totalmente no momento presente. É aí que você quer estar "no tempo". A maioria dos vendedores é de pessoas "no tempo", pois isso permite que se concentrem no cliente em reuniões de vendas. Para planejar, estabelecer objetivos e reuniões de negócios é melhor uma linha através do tempo.

Não há prêmios para adivinhar que tipo de pessoa cria esquemas para administrar o tempo e considera fácil usá-los! As pessoas "através do tempo" defendem a doutrina da administração do tempo.

Escolhendo sua linha do tempo

Você pode mudar a sua linha do tempo para determinadas atividades, sem tentar modificá-la habitualmente.

Utilize uma linha através do tempo para escolher os seus objetivos, dividi-los em tarefas e estabelecer prioridades.

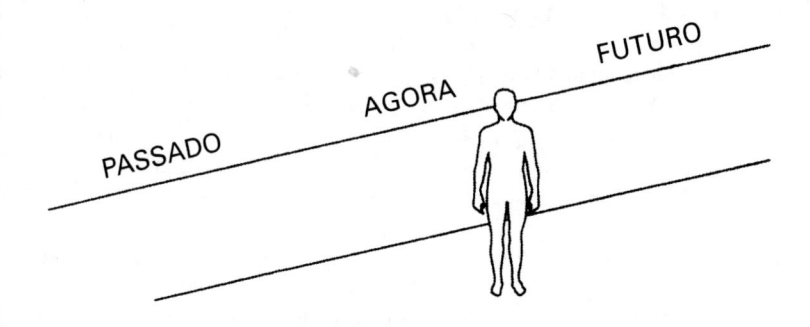

Figura 4 — Saindo da sua linha do tempo

O primeiro passo é verificar se você é uma pessoa "através do tempo" e, se não for, tornar-se "através do tempo". (Ao terminar, você pode voltar à sua linha do tempo normal.)

Este é o processo:

1. Num local tranqüilo, imagine estar saindo da sua linha do tempo, como se estivesse subindo na calçada para olhar uma estrada. Agora, imagine que você pode ver a estrada estendendo-se nas duas direções. Faça com que uma das extremidades da estrada represente o futuro, e a outra, o passado. Você estará situado na parte da estrada que representa o presente.

2. Agora, realize o processo de estabelecimento de objetivos descrito anteriormente. Divida os objetivos em tarefas menores e determine prioridades. Mentalmente, faça um mapa de todas as tarefas incluídas em seu plano escrito e coloque-as nessa estrada, a sua linha do tempo, enquanto a imagina à sua frente. Organize as tarefas de tal modo que as mais afastadas sejam aquelas que você realizará num futuro distante. As tarefas imediatas estarão bem próximas. (Se imaginar esse processo não funcionar, você pode escrever cada tarefa numa folha de papel e organizá-las numa seqüência à sua frente.)

3. Enquanto divide os objetivos em tarefas e estabelece prazos para sua realização, imagine-se fazendo cada uma delas no futuro. Imagine cada tarefa sendo executada com sucesso, a satisfação que você sentirá enquanto cada uma delas se encaixa, com sucesso, em seu lugar.

4. Agora, ensaie mentalmente o que você deseja que aconteça. Imagine o seu dia de trabalho. Identifique os momentos de folga que irão lembrá-lo de examinar o seu plano. Imagine-se examinando o plano durante esses momentos. Ou você pode se imaginar pedindo a um amigo ou colega bem organizado, "através do tempo", para lembrá-lo.

5. Quando terminar, volte para a sua linha do tempo normal, entrando no momento presente e restabelecendo a sua linha habitual.
(Embora você possa realizar esse processo lendo este livro, para algumas pessoas pode ser difícil. É mais fácil trabalhar com um grupo ou como parte de um curso de treinamento em vendas.)

Agora você tem seus objetivos, tarefas e prazos mapeados no seu plano escrito e na sua linha do tempo mental. Se você é uma pessoa "através do tempo", talvez descubra que já faz isso naturalmente, sem mesmo perceber.
Leve o seu plano escrito para o trabalho. Consulte-o durante os intervalos que ocorrem naturalmente no decorrer do dia. Sempre que examiná-lo, imagine-o em sua linha do tempo. Você verá algumas tarefas na sua linha do tempo do passado, como já realizadas. Outras, ainda estão em sua linha do futuro. Sempre que fizer isso, você estará fortalecendo a associação entre o plano escrito e o estar "através do tempo". Na PNL, a criação dessas associações é chamada de *ancoragem*. Nós associamos objetos e acontecimentos a

sentimentos e ações. Ao associar repetidamente sua lista escrita com seu plano de ação "através do tempo", você cria uma forte associação. E é uma associação agradável porque você já se imaginou realizando as tarefas e antecipou a boa sensação do sucesso.

Esse processo facilita muito o planejamento e a organização tornando-os mais eficazes e menos estressantes. Ele também pode ser usado para preparar um bom estado emocional (ver pp.158-60). Aqui, você ancorou estar "através do tempo" à visão do plano de trabalho. Você continua sendo uma pessoa "no tempo" para outras coisas onde isso funciona melhor.

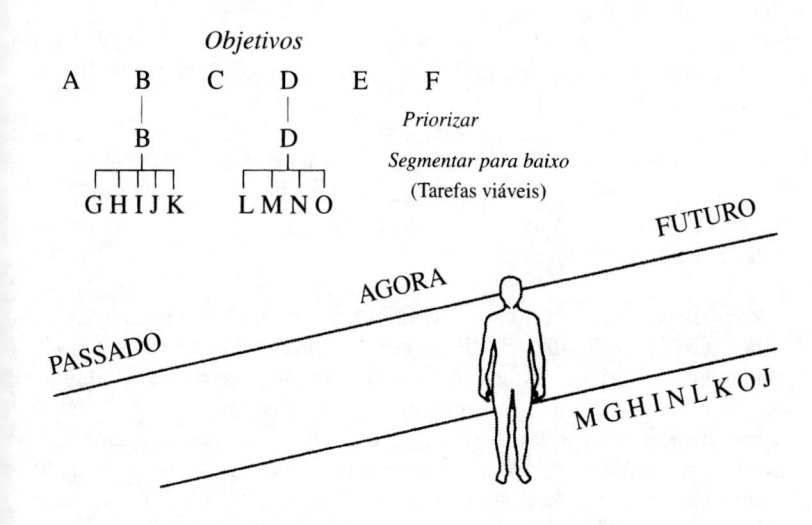

Figura 5 — Estabelecer objetivos — priorizar — segmentar — administrar objetivos através do tempo

Administrando seu território

A maneira de administrar seu território será muito influenciada pelos seguintes fatores:

Como você é avaliado: Se a administração prefere que seus vendedores gastem litros de gasolina e tenham dor nas costas como uma demonstração de dedicação, então você provavelmente organizará o território de modo a apresentar essas evidências.

Onde você mora: Se você precisa fazer uma longa viagem para chegar aonde quer, planejará o seu território diferentemente do que faria se morasse nele.

Com que freqüência você precisa visitar um cliente/quantidade de telefonemas: Algumas vendas exigem qinze telefonemas por dia, outras, três por semana. Obviamente, essa diferença terá um impacto na maneira de planejar os territórios.

Sua atitude com relação ao trabalho: Como acontece com outros tipos de organização, o planejamento do território é, provavelmente, a melhor indicação de motivação e de atitude do que o desempenho na frente de um cliente.

Seus programas de rádio favoritos: Intencionalmente ou não, podemos planejar nossos territórios e viagens de modo a garantir que possamos escutar nossos programas favoritos enquanto viajamos.

Quão reativo você precisa ser: Se realmente surgirem problemas para serem solucionados, você precisará ter acesso a todas as partes do seu território.

Levantamento dos negócios: Em alguns territórios, pequenas áreas podem produzir elevadas porcentagens de negócios. A densidade de negócios deve influenciar o seu plano mais do que o tamanho físico da área.

O tamanho total: A cidade de Londres proporcionará critérios diferentes daqueles de Milton Keynes.

Ao planejar seu território pode ser útil fazê-lo como se você fosse visitar os pontos turísticos de uma cidade. É nessas ocasiões que tendemos a nos organizar para podermos visitar o maior número de lugares com o mínimo de despesas de viagem. Assumir o papel do "turista típico" lhe permitirá visitar seu território não como um lugar aonde você precisa permanecer durante quarenta horas por semana, mas como uma região que você precisa conhecer ao máximo, com o mínimo de despesas e esforço. Isso pode diminuir a tentação de voltar para o escritório (o hotel das férias) após cada telefonema.

Há diversas maneiras de se dividir um território. O plano "pizza", no qual você determina um dia para cada um dos pedaços de uma pizza é comumente utilizado. A "matriz quadrada" é semelhante, porém baseia-se na superposição de um mapa sobre o território.

A chave para o planejamento eficaz do território é usar um método que tenha objetivos comerciais nítidos e uma base lógica — e qualquer plano é melhor do que a abordagem "Irei para onde me der vontade".

Organização e planejamento

Pontos-chave

- Bom planejamento significa gastar menos tempo planejando e mais tempo vendendo.
- Estabelecer objetivos é o primeiro passo para a boa organização:

- selecionar seus objetivos de vendas importantes no momento;
- usar a fórmula: Específico, Mensurável, Viável, Realista, Planejado.
- Dividir os objetivos em tarefas viáveis:
  - anotar as tarefas;
  - priorizar as tarefas.
- Dividir as tarefas em *Urgente* e *Não Urgente*.
- Dividi-las em *Importante* e *Não importante*.
- Concentrar seus esforços nas atividades *Não urgentes e Importantes*.

TEMPO

- Há duas maneiras de experimentar o tempo:

  No tempo é experimentar o momento presente como se ele estivesse dentro do seu corpo. Geralmente, a sua linha temporal tem o passado atrás e o futuro à sua frente.

  Através do tempo é experimentar o momento presente como se ele estivesse fora do seu corpo. O tempo passa externamente. Geralmente, a sua linha do tempo tem o passado e o presente à sua frente.

- Fazer planejamentos e estabelecer objetivos com uma linha através do tempo.
- Criar uma associação automática entre o ato de consultar seu plano escrito e estar numa linha através do tempo.

TERRITÓRIO

- Assumir o papel do "turista típico".

CAPÍTULO 4

PESQUISA E CONTATO INICIAL

Lembre-se de uma ocasião em que você estava realmente convencido e congruente de que seu produto atendia às necessidades do cliente. Apesar de sua convicção, você pode ou não ter alcançado o sucesso. Você pode ter convencido o cliente ou pode ter desperdiçado seus melhores esforços. Para entender por que você não convenceu o cliente, apesar de sua dedicação, lembre-se agora de uma ocasião em que você era o cliente, que outro vendedor não conseguiu convencer. Obviamente, os argumentos do vendedor faziam sentido para *ele*, mas você não conseguia ver como poderiam aplicar-se a você.

Você já observou o processo de venda/compra entre duas pessoas e percebeu que compreendia o que estava acontecendo melhor do que elas? Algumas vezes, essa posição é muito útil, particularmente quando o vendedor e o cliente não estão conseguindo se relacionar.

Em PNL, estar na própria realidade e conhecer o próprio ponto de vista é chamado de estar na *primeira posição*. Os bons vendedores precisam ter uma forte primeira posição para vender o produto de modo congruente.

Estar consciente da realidade e do ponto de vista de outra pessoa, nesse caso o seu cliente, em PNL é chamado de estar na *segunda posição*. Você está nela quando se sente em harmonia com outra pessoa, quase como se soubesse o que ela está pensando. Sem uma segunda posição, você não pode influenciar a outra pessoa porque não sabe como ela enxerga o mundo.

Em PNL, estar numa posição que lhe permite avaliar os dois pontos de vista é chamado de estar na *terceira posição*.

Quanto mais você puder avaliar a posição do cliente e todo o processo de vendas, mais bem-sucedidas serão suas vendas. Em nossos treinamentos em vendas fazemos as pessoas representarem os próprios papéis para que focalizem os próprios objetivos e habilidades (primeira posição), representar o papel dos clientes para compreender melhor o que os clientes procuram e responder a isso (segunda posição) e analisar os dois lados do processo observando-o em vídeo, para que possam ser objetivas e neutras (terceira posição).

Como vendedor, é muito fácil permanecer na primeira posição, lutar por aquilo que você deseja, sem considerar o cliente (sem a segunda posição) e sem a habilidade de se afastar objetivamente para verificar o que está acontecendo entre você e o cliente (sem a terceira posição). Compreendemos melhor o processo de vendas ao observá-lo das três posições, antes de focalizarmos nossas responsabilidades particulares.

O Processo de Vendas

Estágios	Ponto de vista do vendedor	Ponto de vista do cliente
Qualificação	Pesquisar	Reconhecer necessidades
Reunião	Estabelecer *rapport*	Impressões iniciais
	Eliciar necessidades e valores	Examinar escolhas
Venda	Lidar com objeções e preocupações	Solucionar problemas
	Acordo	Decidir
Serviço ao cliente	Implementação	Usar
	Acompanhamento/ Referências	

Pesquisando

O primeiro passo nessa cadeia é buscar clientes. Pesquisar significa procurar um recurso valioso. Uma companhia petrolífera não perfura centenas de buracos na esperança de que um deles tenha petróleo. Ela pesquisa e reúne muitas informações antes de decidir onde perfurar. A perfuração de poços de petróleo é um negócio caro.

Nas vendas, a pesquisa inclui a identificação e a qualificação dos seus clientes — determinar quem eles são e se têm necessidade e interesse inicial naquilo que você pode oferecer. A regra de ouro é: *Não desperdice seu tempo com pessoas que não precisam do seu produto.*

Um telefonema de vendas é caro. A cada ano, a McGraw-Hill publica estimativas sobre o custo de um telefonema de vendas. As estimativas de 1988 mostram que nos Estados Unidos o custo foi de US$ 260, e na Inglaterra, de US$ 303,82. Se você faz de três a seis telefonemas para conseguir uma venda, seu custo torna-se assustadoramente elevado.

Visualize seu fluxograma atual de clientes. Parte do seu planejamento e organização global é certificar-se de que seu fluxo de clientes é constante em todos os estágios desse processo, de que não existem "obstáculos". Para isso, você precisa estar atuando "através do tempo". Você precisa estudar todo o ciclo para que cada uma de suas partes funcione bem. Se uma companhia petrolífera investe a maior parte do seu dinheiro em refinarias, parecerá um absurdo se o seu fluxo de petróleo cru secar e não houver fundos para procurar mais poços. As refinarias não terão o que refinar. Igualmente, se você desperdiçar muito tempo para conseguir uma venda, poderá ficar sem clientes para vender.

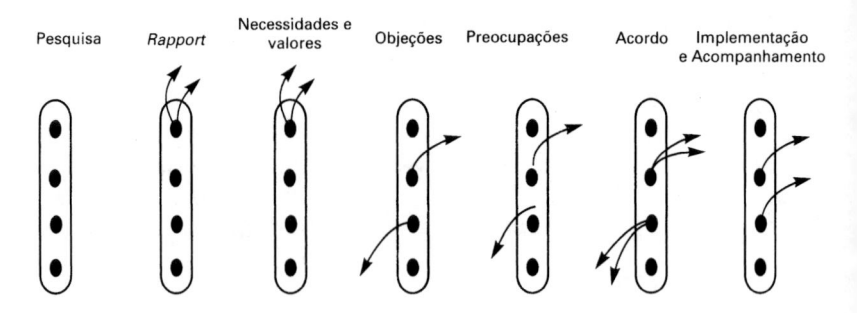

Figura 6 — Fluxograma

Para que isso não aconteça, elabore seu índice de vendas concluídas em perspectivas. Se você fechar 10% das suas vendas, precisa dez vezes esse número de perspectivas no fluxograma o tempo todo.

Criando um fluxograma de clientes

Como criar seu fluxograma? As estratégias de marketing e propaganda o colocarão em contato com possíveis clientes. Sua empresa pode comprar listas de clientes, e, então, enviar uma mala direta.

- Pense nos benefícios do seu produto.
  - Que problemas ele soluciona?
  - Como você poderia elaborar algumas perguntas para descobrir se um cliente potencial teve esse problema?

- Ao pesquisar empresas, procure indústrias que já estejam prontas para se desenvolver ou em ativo desenvolvimento, em lugar daquelas que estão em declínio ou estáveis. Embora seja difícil prever o futuro, as indústrias de comunicação e alta tecnologia são as candidatas óbvias nos anos 90.

- Você pode se especializar em parte do mercado global.
  - Que parte o atrai?
  - Com que tipo de clientes você acha fácil lidar?
  - Que área você compreende melhor?

Especializando-se, você fica mais consciente das necessidades daquele segmento do mercado em particular. À medida que se tornar mais conhecido e adquirir *know-how*, os canais de informações corporativos fornecerão os clientes. Você não precisa vender para todos os setores.

Elabore o perfil dos seus clientes típicos. O que eles têm em comum? Se você vende para organizações, elabore um perfil do tipo de empresa na qual você foi bem-sucedido: o produto, tamanho e cultura da empresa. Agora, elabore um perfil do comprador da empresa. Qual seu nível dentro da administração? Qual seu departamento?

Examine novamente seu cliente básico. Quais são seus piores clientes? Para quem você jamais desejaria ter vendido? Elabore um "perfil problemático" para evitar clientes difíceis no futuro.

Os clientes satisfeitos são o melhor recurso em sua pesquisa. Eles recomendarão seu produto para outras pessoas. Os clientes insatisfeitos farão os outros mudarem de idéia com relação à compra do seu produto. Os clientes satisfeitos repetem pedidos e oferecem referências.

Referências

Referências são nomes de pessoas qualificadas com quem você pode entrar em contato, fornecidos por alguém bem relacionado com elas. Como obter referências? Perguntando. Por que alguém lhe daria uma referência? Porque as pessoas satisfeitas gostam de compartilhar. Elas ganham credibilidade quando os outros aceitam suas decisões.

"Você conhece alguém que estaria interessado nesse produto?" É uma maneira muito generalizada de pedir uma referência. Os clientes hesitarão se, mentalmente, tiverem de escolher entre todos os seus contatos.

"Sr. Jones, achamos que os gerentes de desenvolvimento organizacional de empresas de porte médio como a sua estão particularmente interessados em nosso produto. *Quem* o senhor conhece nessa área, que eu poderia contatar?" É uma abordagem mais focalizada e ajuda o cliente em sua escolha.

Nível de contato

O nível de contato é muito influenciado pelo tipo de produto que você vende, quer a empresa cliente esteja ou não usando o produto de um concorrente e independentemente de o seu produto ser novo ou inovador. Ele também é influenciado pelos custos. Quanto mais caro seu produto ou serviço, mais você terá de subir no nível de administração para obter a autorização de compra.

Eis algumas das diferentes abordagens que você pode considerar:

De cima para baixo

Significa começar do alto, o mais alto possível, pelo menos no nível administrativo, mas de preferência com o diretor. Os benefícios desse tipo de contato para o vendedor são que se você conseguir convencer a pessoa que ocupa a posição mais elevada de que a sua idéia é boa e, mais tarde, precisar lidar com as pessoas que influenciam as decisões ou com os usuários do produto, você fará isso com a autoridade de um gerente sênior. As pessoas o tratarão como se você fosse um representante da gerência e não como um estranho. E um gerente sênior, provavelmente, tem uma visão mais abrangente da empresa, não uma visão estreita ou departamental. Isso cria maiores oportunidades para encontrar áreas carentes.

A desvantagem desse método é que, geralmente, é mais difícil contatar as pessoas que ocupam posições mais elevadas. Elas marcam entrevistas com relutância e em datas distantes, no futuro. Você não pode fazer muita coisa a esse respeito, exceto ser persistente. E elas também tendem a ser avaras com seu tempo, portanto, quando fizer sua apresentação, faça-a de modo simples e breve, dando uma idéia geral.

Se esse método funcionar para seus produtos e no mercado, utilize-o. De todos os métodos, este é o que contém menos armadilhas. Se você estiver desperdiçando seu tempo, pelo menos logo descobrirá.

Do meio para cima

Significa ter contato inicial com a chefia de departamento, com o objetivo de estabelecer um "vendedor interno" ou "auxiliar de vendas", ou seja, alguém que se interessa pelos benefícios do seu produto. Essa pessoa lhe dará conselhos valiosos sobre quem procurar e de que modo conduzir as negociações.

Com esse método você obtém a ajuda de alguém sem interesses pessoais, não influenciada por recompensas financeiras, que conhece o funcionamento interno e a política da empresa, e que trabalhará em seu nome quando você não estiver presente.

A desvantagem é que o vendedor interno pode ter critérios de compra diferentes dos da pessoa que toma decisões. O vendedor interno pode ter uma percepção limitada dos objetivos, metas e políticas corporativos. Produtos concorrentes podem estar sendo considerados por aqueles que tomam as decisões. E, se o vendedor interno sair da empresa, o interesse nos seus produtos pode ir com ele.

De baixo para cima

É quando o contato inicial é feito num nível bem inferior, geralmente com o usuário final do produto. Se o custo do produto for suficientemente baixo para ser adquirido pelo usuário final, não há necessidade de vender um conceito mais amplo para a empresa. Esse método funciona fazendo os outros observarem a utilidade do seu produto, "vendendo-o" pelos benefícios obtidos.

Esse método não é tão fraco quanto parece. Muitas políticas corporativas foram criadas desse modo. Quando há uma estrutura política mais ampla, tentar modificá-la de uma só vez é irrealista e consome tempo. É muito melhor quebrar o monólito pedaço por pedaço, até ele desaparecer. Seja qual for o método utilizado, no final será necessário conversar com a pessoa ou pessoas da empresa que:

• Conhecem as necessidades organizacionais na área do seu produto ou serviço, ou lidam com os problemas que seu produto resolve.
• Têm dinheiro disponível e o poder de decisão para autorizar a compra, ou que serão influentes na decisão. Descubra o canal de compras para o seu produto.

Se o seu contato inicial ocorrer num nível elevado, há também duas outras pessoas que você talvez precise ver e influenciar. Há a pessoa responsável pelo uso do produto ou que convence os outros a utilizá-lo. E, geralmente, há uma pessoa que avaliará os aspectos técnicos do produto.

Uma equipe de vendedores de uma empresa de *hardware* para computadores estava vendendo um amplo sistema de computadores para uma organização. Eles passaram algum tempo com os especialistas técnicos da empresa explicando o sistema. Os principais critérios de compra desses especialistas era saber se o sistema utilizava tecnologia de ponta. Eles sabiam que se não fosse assim, o sistema logo se tornaria desnecessário e não haveria ligação com os outros sistemas da empresa. Os especialistas técnicos recomendaram o sistema e o pedido foi feito. Entretanto, os usuários não foram consultados. Eles ficaram insatisfeitos com dois detalhes. Primeiro, acharam que o novo sistema lhes fora imposto. Segundo, e mais importante, era difícil usar o sistema no trabalho que precisavam fazer. Seus critérios não se baseavam na tecnologia, mas em como o sistema faria as tarefas pelas quais eram responsáveis. Os usuários reclamaram, resistiram ao uso do sistema e os resultados foram desapontadores.

Pesquisa e contato inicial

Pontos-chave

O cliente e o vendedor enxergam o processo de vendas de maneiras diferentes.

PESQUISA
• Uma boa pesquisa influencia muito o sucesso em vendas.
• Não desperdiçar seu tempo com pessoas que não precisam do seu produto.

- Elaborar uma lista prospectiva para que seu fluxograma de vendas esteja sempre cheio.
- Elaborar um perfil do cliente para poder qualificar as prospectivas.
- Obter referências com clientes satisfeitos.

NÍVEL DE CONTATO

- Há três principais métodos iniciais:
  - De cima para baixo
  - Do meio para cima
  - De baixo para cima
- Quando possível, venda para contatos que:
  - conhecem as necessidades organizacionais;
  - têm poder de decisão para a compra.
- Consultar os especialistas técnicos na empresa.
- Consultar os usuários.

CAPÍTULO 5

O TELEFONE

A maior parte da pesquisa e do contato inicial de vendas é feita por telefone. Assim, como aproveitá-lo ao máximo? Ao telefone, tudo o que você tem é sua voz e as palavras que diz para criar uma boa primeira impressão e mostrar que você é honesto e profissional. Muitos vendedores consideram essa ausência de comunicação visual uma desvantagem. O fato de não poder ver a linguagem corporal do cliente, seus gestos e expressões faciais é considerado limitador. Entretanto, o telefone pode facilitar o contato inicial e torná-lo mais eficaz. Como? Porque você pode se concentrar nesse único canal sensorial e tornar-se um mestre nele, sem ser distraído pelos outros canais.

Obtendo rapport *com a voz*

Obter *rapport* e identificar-se com uma pessoa é ganhar sua confiança, estabelecer um relacionamento em que um é sensível ao outro. É ouvir e valorizar o ponto de vista de outra pessoa. Mas como ela saberá, por telefone, como você realmente é? Como lhe mostrar que você é sensível e está disposto a ser influenciado pelo que ela diz?

Há duas maneiras: o que você diz e como você diz. O cantor e a canção. Quando desejamos influenciar e criar um relacionamento positivo com uma pessoa que está do outro lado da linha, automaticamente alteramos o tom da nossa voz. Pesquisas realizadas no final dos anos 60, repetidamente confirmadas por estudos posteriores, mostraram que o impacto de uma comunicação é determinado pela linguagem corporal, pelo tom de voz e pelas palavras. O tom de voz é cinco vezes mais influente do que as palavras para transmitir uma mensagem honesta. Lembre-se de uma conversa recente ao telefone. Provavelmente, você se lembra da voz da pessoa e do teor geral da conversa, mais do que das palavras exatas que ela empregou.

Assim, para obter *rapport* com o cliente, você "assemelha" o tom de voz dele — ouve o que ele diz e usa algumas de suas frases e palavras-chave quando responde. E, além das palavras, você assemelha determinados aspectos da sua voz, como velocidade, volume e intensidade.

Imagine dois músicos improvisando um dueto. Quanto mais eles estabelecerem um ritmo e harmonia comuns, mais satisfatória será a peça. Para conseguir isso, um ouve o outro, combinando o som e criando a música. Entretanto, tenha cuidado. Assemelhar o tom de voz não significa imitar, mas harmonizar. Comece assemelhando o volume e a velocidade, porque além de serem importantes, são as qualidades mais simples de assemelhar. Uma pessoa fala na mesma velocidade que gosta de ouvir. À medida que você adquirir mais prática, sentindo-se confortável ao fazer isso, pode assemelhar outras qualidades vocais, como pausas, timbre e ritmo. Por mais cuidadoso que você seja na preparação do seu *script*, e por melhor que conheça os detalhes técnicos, se a sua voz desencorajar o cliente, ele não reagirá. Mas, quando você assemelha a voz dele, sua voz *não* pode desencorajá-lo porque é como se fosse a dele.

Estudos realizados com excelentes vendedores por telefone confirmam que eles assemelham o tom de voz do cliente. Os mais bem-sucedidos têm um tom de voz para cada ocasião. A voz deles muda automaticamente adaptando-se à da pessoa com quem estão falando. É provável que você também faça isso, embora não tenha percebido. As pessoas assemelham naturalmente o tom de voz, a partir das primeiras palavras, porque alguma coisa dentro delas, o desejo de se relacionar com os outros, lhes diz para fazê-lo.

Há quatro habilidades adicionais que você pode usar para estabelecer *rapport* pelo telefone:

- Criar uma imagem mental do cliente. Não importa se ela é ou não precisa, sua função é dar a sensação de que existe uma pessoa real atrás daquela voz. Ao fazer isso, você perceberá interesse, diversão, tédio, irritação ou alegria expressas por aquela voz e irá vê-los no rosto da pessoa que você imaginou.

- Eliminar o diálogo interno (monólogo interno é uma descrição mais precisa). Para assemelhar o tom de voz, valorizar e responder ao cliente, você deve ouvi-lo e não ouvir a si mesmo.

- Assemelhar as palavras ou frases do cliente ao fazer perguntas e verificar se compreendeu. Ele usa determinadas palavras porque elas transmitem o que ele quer dizer. Ao usá-las, você não apenas mostra que está ouvindo o que ele diz, mas que também respeita o seu significado, em vez de parafraseá-las e distorcê-las.

- Usar as habilidades mencionadas na seção sobre autogerenciamento, para permanecer num bom estado. Fazer muitos telefonemas com uma mensagem semelhante pode ser cansativo. O cliente pode perceber o tédio em sua voz e pensar que é algo pessoal. Faça uma boa preparação. Quando você se sente bem com o que diz, aquilo que você diz soa bem.

Conhecer o objetivo do telefonema

Qual o *mínimo* que você deseja alcançar com esse telefonema? Qual é o seu propósito ao fazer o telefonema? Pode ser o de conseguir uma entrevista.

Você pode estar verificando se está tudo bem. Talvez haja um problema e você deseja obter informações, em vez de sugerir uma solução. Ocasionalmente, você pode querer fechar uma venda, e não precisa limitar-se a um só objetivo. Na verdade, para qualquer outra coisa que você queira alcançar, estabeleça o objetivo de criar um relacionamento a cada telefonema. Mas não deixe que seu objetivo o impeça de enxergar outras oportunidades que surgem naturalmente.

Contato inicial

Ao conversar com um cliente em perspectiva, assemelhe exatamente as suas primeiras palavras. Se ele disser "Bom dia", responda o mesmo. Assemelhe o volume e a velocidade da voz.

Verifique se você está falando com a pessoa certa. Se você tem um nome, obtido através de uma indicação direta ou indireta, pergunte se está falando com essa pessoa: "Estou falando com Susan Black?".

Se você não tiver um nome, diga alguma coisa como: "Eu gostaria de falar com a pessoa encarregada do departamento de treinamento de *software*. É você?". Pergunte muito especificamente.

Dê seu nome e o da sua empresa. Então, pergunte o nome dela, se ainda não souber.

Se o seu primeiro telefonema for para alguém indicado por um cliente seu, pergunte se esse cliente já entrou em contato. Diga algo como: "Bom dia. Eu sou John Jones da XYZ. Sou consultor de *software*. [Faça uma pequena pausa para o cliente absorver a informação.] Recentemente, ajudei Frank X da Corporação Y. Ele me deu seu nome e disse que você poderia estar interessado em conversar comigo. Frank já lhe falou a meu respeito?".

Faça outra pausa e deixe o cliente procurar em sua memória. A palavra "já" é uma maneira rápida de dizer que Frank disse que falaria a seu respeito.

A seguir, pergunte: "Poderíamos conversar por alguns minutos?". Se a pessoa disser "Não", marque uma hora conveniente para telefonar novamente.

Diga: "Sei que você está ocupado. Quando posso ligar novamente para conversarmos por alguns minutos?". Combine uma hora e então agradeça dizendo "Até logo", e desligue. Ligue novamente no dia marcado.

Durante a conversa

Encadeamento

Essa abordagem funciona bem se você estiver vendendo para o nível médio da administração, ou quando seu produto ou serviço podem ser utilizados de diferentes maneiras por diferentes departamentos. Por exemplo, se sua empresa vende treinamento para técnicas em comunicação, você talvez não saiba qual a melhor pessoa com quem falar. Poderia ser alguém do departamento pessoal, treinamento ou recursos humanos.

Se você não tem nenhuma indicação, escolha um cargo e um departamento que acha que poderão ajudá-lo. Você pode decidir começar entrando em contato com o departamento de treinamento. Telefone e peça para falar com o gerente de treinamento. Pergunte seu nome. Quando conseguir, diga algo como:

"Alô, estou falando com Jane Smith? Meu nome é John Jones da XYZ. Talvez você já tenha ouvido falar de nossa empresa."

A seguir diga: "Estou procurando a pessoa encarregada dos recursos para treinamento de técnicas em comunicação. É você?"

Se ela disser "Sim", continue e explique quem você é, e o que vende.

Se ela disser "Não", fale um pouco sobre o seu produto até que ela diga "Acho que você deve conversar com Marsha Davenport na IT".

A conversa será fácil, porque você não está vendendo diretamente para ela.

Agradeça à gerente de treinamento, escreva uma carta ou telefone para Marsha Davenport. Em qualquer um dos casos, você pode dizer que Jane Smith, gerente de treinamento, sugeriu o nome dela.

Quando falar com Marsha Davenport, ela pode ser a pessoa certa ou pode encaminhá-lo a outra pessoa. Ela também pode lhe dar os nomes de pessoas de outras empresas. Alguns encadeamentos levam a boas vendas, outros não dão resultados. Você só precisa fazer um telefonema ao acaso — o primeiro — e esse é fácil porque não é realmente um telefonema de vendas, é inicialmente um pedido de ajuda.

Se o seu primeiro contato der a impressão de não estar entendendo o que você está vendendo, esse é um sinal certo de que você se encontra no nível errado. Você precisa ir mais para cima. Telefone novamente para um nível mais elevado na administração.

Em qualquer estágio, um contato pode ser indelicado ou a pessoa pode desligar o telefone. Isso não tem nada a ver com você. Ele pode estar num dia ruim ou ter passado por algumas experiências negativas com os seus concorrentes. Ele nem mesmo o conhece, ou o seu produto, e agora, provavelmente, nunca conhecerá. Quando isso acontecer, anote seu número num pedaço de papel e adivinhe algum motivo para ele ter agido assim. (Dê o motivo mais absurdo que quiser — ele deixou as abotoaduras caírem no ralo, derramou café no terno, o trem demorou e ele chegou atrasado no trabalho.) Transfira quaisquer sensações ruins que o telefonema possa ter provocado para o pedaço de papel, escrevendo-as ou desenhando alguma coisa para representá-las. Agora solte o ar, amasse o papel e jogue-o, com tanta força quanto quiser, dentro da cesta de papéis.

Conduzindo a conversa

Quem faz perguntas é quem dirige e orienta a conversa. Durante o telefonema, use as perguntas para reunir informações e definir a posição do cliente.

Preste atenção ao *rapport* durante o tempo todo; continue assemelhando a velocidade e o volume de voz do cliente.

Para evitar confusões, as conversas por telefone possuem regras implícitas: enquanto um fala, o outro escuta e vice-versa. Depois de fazer a sua pergunta, faça uma pausa e deixe a outra pessoa responder. Não faça mais do que uma pergunta de cada vez e não tente dizer muita coisa de uma vez só.

Use perspectivas diferentes

Lembre-se das três maneiras de conduzir uma conversa:
* *O seu ponto de vista*. Por que estou ligando? O que estou vendendo? O que eu quero dizer?
* *O ponto de vista do cliente*. O que ele está sentindo? O que ele deseja? Por que ele está falando comigo?
* *O ponto de vista neutro*. Como a conversa está se desenvolvendo? Estamos em *rapport*? Qual a pergunta mais útil a ser feita em seguida?

Em vendas, é fundamental ser capaz de manter esses três pontos de vista.

O ponto de vista neutro é particularmente útil se você perceber que está sendo arrastado para uma discussão com um cliente ou tentando expor um ponto de vista. Você ficará preso na própria perspectiva e estará inclinado para a frente, provavelmente debruçado sobre o telefone. Você está sendo sugado para uma situação difícil. No instante em que perceber que isso está acontecendo, recoste-se e adote um ponto de vista neutro. O ato de recostar-se quebra o envolvimento físico na discussão. Então, verifique o *rapport*, reconheça o ponto de vista do cliente e faça um resumo do assunto para saber exatamente qual é o problema.

Durante a conversa, resuma regularmente o que foi dito tanto quanto possível usando as palavras do cliente, e espere sua concordância antes de continuar.

"Assim, se eu entendi bem, você está interessado num treinamento de três dias de técnicas em comunicação, iniciando no último trimestre deste ano, para cerca de cinqüenta pessoas da área de vendas, e o orçamento teria que ser aprovado antecipadamente. Está correto?"

Encerrando a conversa

Como você encerra uma conversa por telefone? Com palavras *e* com a voz. "Obrigado pelo seu tempo. Eu não quero prendê-lo mais e espero encontrá-lo/conversar com você..."

Ao dizer isso, dessemelhe a voz do cliente. Isso é o oposto de assemelhar. Aumentar a velocidade das suas palavras funciona bem. Assim, as palavras e a voz transmitem a mesma mensagem. Se você tiver dificuldade para desligar o telefone, dessemelhar é uma maneira muito eficaz de encerrar naturalmente a conversa.

Quando encerrar uma conversa por telefone? Encerre o telefonema quando tiver atingido o seu objetivo. Se você não o alcançou durante a conversa, não deixe de combinar e planejar um próximo passo — uma reunião, outro telefonema — ou envio de material pelo correio. Nunca encerre uma conversa com o cliente simplesmente lhe dizendo que ele lhe telefonará. Noventa por cento das vezes ele não o fará. No telefonema inicial, assuma a responsabilidade de fazer o próximo contato. Se o cliente disser que telefonará em uma semana, diga algo como: "Bom. Espero seu telefonema até sexta-feira. Se você estiver ocupado e esquecer, quanto tempo devo esperar antes de ligar novamente?".

Ele pode responder: "Espere até a próxima terça-feira".

Então, diga: "OK., Qual o melhor horário?".

Consiga um acordo definido.

Quando um cliente diz: "Eu entrarei em contato" e recusar um compromisso maior, então, provavelmente, não está interessado, mas não quer dizer abertamente. Aceite a situação e presuma que ele lhe telefonará. Igualmente, "Telefone daqui a seis meses", é uma outra forma de dizer: "Desapareça", a não ser que existam bons motivos e um acordo definido sobre outro telefonema em determinada data.

Talvez você já tenha passado pela desagradável situação de marcar uma entrevista com o cliente, e, ao comparecer, ele não está. Você pode ter feito uma longa viagem e sentir-se justificadamente aborrecido. O cliente pode ser francamente indelicado ou não estar interessado. Relembre o telefonema. Talvez você tenha pressionado demais. Talvez ele tenha concordado com a entrevista apenas para agradá-lo. Talvez você tenha falado durante toda a conversa e o cliente só dizendo "Uh huh... certo... certo... uh huh.".

Nunca aceite compromissos que não tenham sido claramente aceitos por ambas as partes. Confirme-os por escrito, se houver tempo. Se houver um problema, o cliente ligará para você e marcará um outro dia porque ele deseja encontrá-lo, não porque acha que precisa.

Telefonemas de acompanhamento

Ao fazer um telefonema de acompanhamento, você já conhece o cliente e vocês têm um relacionamento, por mais superficial que seja. Entretanto, ainda vale a pena lembrá-lo do seu nome, da sua empresa e do motivo de estar telefonando pela segunda vez.

Mencione a última conversa, o que foi combinado, alguma coisa agradável ou interessante. Você não quer que o cliente o associe à última vez que os computadores deixaram de funcionar ou com aquele terrível dia em que os canos estouraram.

Novamente, verifique se é uma boa hora para conversar, pois dessa forma a conversa é iniciada em condições favoráveis.

"Alô. Aqui é John Jones da XYZ. Conversamos terça-feira passada sobre o curso de treinamento e também sobre futebol, lembra-se?"

"Ah! Claro. Tudo bem?"

"Combinamos que eu telefonaria hoje. Podemos conversar agora?"

Algumas vezes o cliente não teve tempo para pensar na sua proposta inicial ou ler os folhetos que você lhe enviou.

Se esse for o caso, diga: "Bem, o que é melhor fazermos agora?".

Geralmente, é melhor combinar um outro telefonema. Se você ligar novamente e ele ainda não tiver nenhuma resposta, tenha cuidado. Combine um terceiro telefonema. Esse será o último. O comportamento fala mais alto do que as palavras e ele pode não estar interessado. Agora, seja direto. A objetividade e a honestidade, algumas vezes, são desconfortáveis, mas as pessoas o respeitarão por isso.

Não se agarre a possíveis clientes que demonstram não estar realmente interessados; não permita fingimentos elaborados entre vocês.

Diga: "Percebi que já lhe telefonei algumas vezes. Não podemos progredir se eu não souber o que você pensa. Posso fazer alguma coisa para ajudá-lo? Eu não quero desperdiçar o seu tempo... ou o meu [diga isso a meia voz]... a não ser que você esteja interessado e ache que temos alguma coisa sobre a qual vale a pena conversarmos".

Agora é a vez dele. Ele pode dizer que, pensando bem, realmente não está interessado e, nesse caso, tudo o que você perdeu foi a oportunidade de fazer outros telefonemas inúteis. Peça que ele lhe indique algumas pessoas. Ele lhe deve alguma coisa por não ter sido direto e por ter desperdiçado seu tempo. Diga: "Entendo que você não precise de nosso produto. Há mais alguém em sua organização que possa estar interessado?". Peça uma indicação baseada no perfil do seu cliente. Você não tem nada a perder. Então, saia de cena elegantemente.

Mantendo registros

Mantenha um registro de cada cliente, incluindo:
- data do telefonema;
- o que foi combinado;
- os pontos principais do cliente (*em suas palavras exatas* — anote-as durante a conversa ou imediatamente após);
- quaisquer outros pontos interessantes que tenham surgido;
- o que você precisa fazer;
- o que o cliente concordou em fazer;
- próximo contato combinado (dia e hora).

Secretários

Esse é um cenário familiar. Você sabe que se pudesse falar durante dois minutos, até mesmo durante um minuto, com o gerente de projetos da organização XYZ, ele ficaria entusiasmado com seu produto. É exatamente aquilo que ele estava esperando, a resposta para suas preces. Você consegue falar com seu secretário ou assistente, que promete transmitir o seu recado, mas nada parece acontecer.

Você já esteve nessa situação? Você considera os secretários como barreiras maldosas a serem ultrapassadas antes de conseguir chegar à pessoa com quem você quer falar?

Mude a perspectiva. Trabalhe com o secretário, não contra ele. Ele pode ser seu aliado. Seja quem for a pessoa com quem falar, seu primeiro objetivo deve ser o de estabelecer um relacionamento. Num telefonema inicial, assemelhe o cumprimento.

Diga: "Aqui é John Jones da XYZ. Não sei muito bem com quem devo falar. Posso explicar por que estou telefonando, para você me encaminhar à pessoa certa?"

Se a pessoa com quem você precisa falar for o secretário do patrão, peça para deixar um recado breve, mencionando seu nome e empresa, e pergunte quando seria conveniente telefonar outra vez. O secretário pode ajudá-lo muito, fornecendo nomes, cargos e agendas de pessoas com quem você talvez precise falar. Acredite, o secretário conhece seu trabalho, a agenda do seu gerente e irá encaminhá-lo para a pessoa mais adequada.

Como regra geral, é perda de tempo deixar recados com os secretários de silicone dos anos 90 — a secretária eletrônica.

Serviço ao cliente

Telefone para seus atuais clientes e verifique se está tudo bem. Algumas vezes, os clientes desconfiam que os vendedores só estão interessados no pedido. E algumas vezes eles estão certos. Mantenha-se em contato com seus clientes e ouça o que eles dizem. Descubra se há alguma outra coisa que você pode fazer por eles ou se estão com algum problema.

Dando más notícias

Lembra-se do Princípio de Peter? "O que pode sair errado sairá, se houver tempo suficiente." Mais cedo ou mais tarde, uma entrega atrasará ou estará com defeito, ou um curso não começará na hora e o cliente terá de lidar com as conseqüências. Talvez você tenha que lhe contar as novidades. Por exemplo:

"Alô, sr. Smith. Aqui é John Jones da XYZ."
"Alô. Como está o nosso pedido?"
"Bem, temo que as notícias não sejam boas e fui encarregado de informá-lo."
"Oh, não, um atraso?"

"Sim, infelizmente. Cometemos um erro e estamos sobrecarregados no próximo mês. Eu gostaria de marcar a entrega para o dia 5 de março. Estou muito aborrecido com isso. O que posso fazer para ajudar?"

"Não sei. Nosso pessoal está pronto e eu vou ter de lhes dizer."

"Posso lhe enviar uma nota para que você possa colocá-la no quadro de avisos e eles saberem exatamente o que aconteceu?"

"OK."

"Posso prometer a entrega para 5 de março."

"OK. Você pode me dar um desconto no preço para compensar o transtorno?"

"Não tenho certeza. Talvez, mas eu teria que conversar com o meu gerente. Posso lhe telefonar novamente?"

"Tudo bem."

"Há algo que eu possa fazer para suavizar o golpe?"

"Suponho que queimar uma efígie do presidente de sua empresa na fogueira esteja fora de questão!"

"Infelizmente, sim."

"Certo. Escreva a carta e me informe sobre o desconto."

"Certo. Amanhã eu lhe telefono."

Lidando com reclamações

Assemelhar a voz é particularmente importante ao dar más notícias e é fundamental ao lidar com reclamações. Uma pessoa zangada geralmente fala mais rápido e mais alto do que o normal. *Assemelhe isso, porém num nível ligeiramente abaixo.* Se você assemelhar exatamente o tom de voz, ela pode pensar que você está sendo hostil e ficar ainda mais zangada. Assemelhar a voz num tom ligeiramente abaixo proporciona urgência e força à sua voz e mostra que vocês estão em *rapport*.

"Quebrou novamente? Não acredito!"

"Eu também ficaria furioso. Dê-me os detalhes e eu tomarei algumas providências!"

Não leve as reclamações para o lado pessoal. Junte-se ao cliente na sua realidade. Você não será capaz de influenciá-lo a menos que, primeiramente, se junte a ele.

Ao enfrentarmos uma pessoa zangada, nossa tendência natural é falar de modo mais suave e tranqüilo, mas isso raramente funciona. Com freqüência, uma voz suave deixa a pessoa mais zangada, pois ela pode pensar que não está sendo levada a sério ou que você está sendo condescendente. Quando estiver assemelhando o tom de voz, você pode gradativamente conduzi-lo a uma atitude mais razoável. Então, faça com que o seu objetivo seja descobrir o que saiu errado e o que você pode fazer para consertar.

Usando o telefone

Pontos-chave

- Estabelecer *rapport* ao telefone, assemelhando a voz:
    - assemelhar a velocidade e o volume da voz do cliente;
    - assemelhar suas frases e palavras-chave.
- Criar uma imagem mental do cliente.
- Eliminar o diálogo interno da sua mente.
- Manter-se num bom estado emocional.
- Conhecer o propósito do seu telefonema.

CONTATO INICIAL
- Assemelhar o tom de voz.
- Dar seu nome e fazer uma breve descrição daquilo que você faz.
- Perguntar se é uma hora conveniente para conversar.

DURANTE A CONVERSA
- Conduzir a conversa fazendo perguntas.
- Usar os três pontos de vista diferentes:
    - o seu;
    - o do cliente;
    - o ponto de vista neutro.
- Resumir regularmente e checar a compreensão.

ENCERRANDO A CONVERSA
- Usar as palavras e o tom de voz para mostrar que você deseja encerrar.
- Dessemelhar a voz do cliente.
- Combinar o próximo estágio.

SERVIÇO AO CLIENTE
- Manter registros das suas conversas.
- Estabelecer *rapport* com secretários e tratá-los como aliados.
- Lidar com reclamações:
    - assemelhar a voz num nível de intensidade ligeiramente abaixo;
    - gradualmente, suavizar sua voz para que o cliente insatisfeito também se acalme;
    - reunir informações para poder elaborar o que vai fazer a seguir.

CAPÍTULO 6

RAPPORT — CRIANDO RELACIONAMENTOS

Há alguns anos foi realizada uma experiência: um homem se aproximava das pessoas no centro de Londres e lhes oferecia uma nota de dez libras em troca de uma de cinco. Logicamente, esse era um bom negócio para os transeuntes. Contudo, a maioria não aceitou a nota de dez libras. Por quê? Era bom demais para ser verdade. Eles não conheciam nem confiavam na pessoa que estava lhes oferecendo cinco libras de lucro à toa. Eles achavam que devia ser um truque e que a qualquer momento o apresentador do *Candid Camera* surgiria de algum lugar. A maioria das pessoas não aceita uma oferta atraente a não ser que confie em quem a oferece.

Assim, numa reunião face a face com o cliente, a primeira habilidade em vendas é criar um relacionamento de confiança e *rapport*. O *rapport* é o solo no qual crescem todas as outras habilidades. É o principal ingrediente ausente no Bazar Eletrônico. É a qualidade que garantirá o futuro dos vendedores, independentemente da tecnologia.

Rapport cultural

O *rapport* atua em muitos níveis, e o primeiro deles é o cultural. Se você está vendendo internacionalmente, tome cuidado e conheça aquela cultura. Por exemplo, enquanto os ingleses valorizam o senso de humor usando-o em reuniões de vendas, para muitos países europeus fazer uma piada numa reunião seria considerado uma estupidez.

As grandes empresas também possuem uma cultura própria — você precisa conhecê-la se quiser ser bem-sucedido.

Existe a imagem cultural. Dissemos que, geralmente, em nossa cultura os vendedores têm uma imagem ruim. Este livro pretende começar a mudá-la. Ao contrário, os médicos, como membros de uma profissão muito valorizada, não precisam ter grandes habilidades de *rapport* para as pessoas confiarem neles.

Segurança

Desde que você não comece uma discussão sobre assuntos controversos como religião ou política, dificilmente pode representar uma ameaça pessoal para o cliente. O seu produto pode. Quando você está fazendo uma grande venda, pode desestabilizar razões profundas que levam o cliente a agir de determinada maneira. Ironicamente, quanto melhor o seu produto, maior a ameaça. Comprar significa mudança e muitas pessoas sentem-se ameaçadas pelas mudanças.

Uma maneira para minimizar a mudança é estabelecer limites, como por exemplo, fazer uma experiência num departamento. Uma outra maneira é explicar como o seu produto ou serviço permite que os clientes façam aquilo que sempre fizeram, apenas *melhor.* Um novo sistema de computadores pode ser completamente diferente mas fará o *mesmo* trabalho mais rápido.

Treinamentos e consultorias são vendidos com base na melhora do desempenho pessoal, departamental e organizacional. Mostre o que continua igual, bem como o que irá mudar. Embora algumas pessoas gostem de mudanças radicais e outras que as coisas continuem iguais, a maioria sente-se confortável com uma mistura das duas.

Rapport pessoal

Rapport pessoal é criar confiança mútua durante uma reunião face a face. Nós influenciamos e nos comunicamos com as pessoas por meio de três canais principais: a linguagem corporal, o tom de voz e as palavras que usamos.

O *rapport* é estabelecido e mantido pelo acompanhamento desses três aspectos. As pessoas gostam de quem se parece com elas. Criar um relacionamento de confiança e credibilidade pelo acompanhamento da linguagem corporal é uma habilidade natural, utilizada pelos melhores comunicadores, em todas as profissões. Em vendas, administração, medicina e educação, criar *rapport* por meio do acompanhamento é um padrão constante de realizadores excelentes.

Linguagem corporal

Aparência

O primeiro aspecto visível da linguagem corporal é sua roupa e sua aparência. Vestir-se para ser aceito na cultura de uma empresa é uma das maneiras de assemelhar essa cultura. Nossas impressões a respeito dos outros são formadas num curto período de tempo, menos de dez segundos, e essas primeiras impressões baseiam-se principalmente nas roupas e na aparência. Ninguém sabe exatamente quais os julgamentos e preconceitos despertados nesses primeiros poucos segundos. Algumas pessoas fazem julgamentos tão rápidos e rígidos, que somente um homem branco, de meia-idade, com cabelos curtos, vestindo terno e sapatos caros, conseguirá o selo de aprovação. Esse tipo de executivo, dentro de uma camisa-de-força, talvez não tenha consciência de que essas restrições lhe foram auto-impostas.

Não deixe o hábito determinar sua maneira de se vestir — seja inteligente e adapte-se à cultura na qual você precisa entrar. Combine o estilo da cultura para a qual você está vendendo com o seu estilo e preferências pessoais. A sua aparência mostra como você se sente a respeito de si mesmo. Ao se aceitar, você torna mais provável que os outros também o aceitem. Se, ainda assim, você for rejeitado prematura e injustamente, lembre-se de que não é você que não é inteligente, mas o mundo da outra pessoa que é muito estreito para deixá-lo entrar.

Postura e movimento

A segunda maneira de obter *rapport* é assemelhar a postura e os movimentos. A próxima vez que estiver numa reunião na qual as pessoas estejam conversando, olhe ao redor e observe quem você acha que está se entendendo e quem não está. Uma maneira intuitiva de saber é notar o grau de acompanhamento da linguagem corporal.

Alguns tipos de acompanhamento da linguagem corporal são óbvios. Se um cliente está sentado, nós também nos sentamos; se se ele levanta, é mais confortável nos levantarmos também. Se a outra pessoa está fazendo muitos gestos, talvez seja difícil continuarmos imóveis. Você pode assemelhar a postura geral, os gestos afirmativos e as mudanças de posição.

O excesso de contato visual não lhe dará, necessariamente, *rapport*. Mantenha o mesmo contato visual que o cliente, a quantidade com a qual *ele* se sente à vontade.

Limite sua linguagem corporal ao acompanhamento da postura geral, velocidade dos gestos e quantidade de contato visual. Não assemelhe todos simultaneamente. Você também pode fazer um espelhamento cruzado, o que significa assemelhar com uma parte diferente do seu corpo. Por exemplo, se o cliente estiver balançando a perna, não faça o mesmo, mas movimente a cabeça no mesmo ritmo.

Lembre-se, assemelhar não é imitar. Imitar é a cópia aberta e exata do comportamento da outra pessoa e terá o efeito oposto àquele que você procura.

Parte da linguagem corporal é a maneira como utilizamos o espaço. Todos precisamos de um espaço pessoal ao nosso redor e nos sentimos desconfortáveis se ele for invadido sem permissão. Na cultura européia, esse espaço pessoal abrange cerca de cinqüenta centímetros ao nosso redor, em pé. As pessoas se afastarão imperceptivelmente quando você invadir essa barreira. Seja sensível a esse respeito.

Se você estiver negociando com um cliente, é bom ficar ao seu lado para que vocês possam examinar as questões de modo mais cooperativo e imparcial. Escreva as questões a serem discutidas no *flip chart* do outro lado da sala, volte, sente-se ao lado do cliente e pergunte-lhe: "Como *nós* podemos resolver isso?".

Assemelhar a linguagem corporal é como criar uma dança. Os parceiros não copiam exatamente o movimento do outro, mas tornam-nos complementares. Um bom exemplo disso é o espelhamento cruzado. É quando você assemelha a linguagem corporal da outra pessoa com um tipo diferente de movimento. Por exemplo, quando ela cruzar as pernas, você pode cruzar os braços. Um outro exemplo, é mover a cabeça no ritmo da linguagem da outra pessoa. Assemelhar a linguagem corporal é uma expressão natural humana de interesse. É uma maneira poderosa de criar *rapport*. Quando você fizer isso pela primeira vez, pode sentir-se desconfortável. Isso acontece porque você está se tornando consciente daquilo que, de qualquer modo, já faz naturalmente, mas agora está podendo escolher quanto e como fazê-lo. É como amarrar os sapatos: funciona melhor quando não se pensa no assunto.

Duas palavras de advertência. Primeiro, comece praticando em situações seguras, com seus familiares, amigos e colegas, antes de praticar conscientemente com os clientes. Segundo, o *rapport*, que é um aspecto do acompanhamento da linguagem corporal, flui do interesse sincero pelo cliente e do desejo de conhecê-lo. Assemelhar a linguagem corporal será e *parecerá* desconfortável e falsa se for utilizada como uma técnica para influenciar clientes nos quais você não está interessado e com quem realmente não deseja falar. O *rapport* não é uma técnica de vendas para ser aplicada nos clientes. É uma maneira poderosa de entrar no mundo deles e conhecê-los melhor.

O que significa linguagem corporal?

De modo geral, em si mesma, não significa nada. Os movimentos e gestos particulares do cliente têm um significado definido *que você não pode conhecer antecipadamente*. Algumas escolas de pensamento sugerem que determinadas posturas ou gestos sempre têm o mesmo significado. Por exemplo, lemos que quando um cliente cruza os braços ele não está interessado, um cliente que se recosta está se retraindo, se coçar um dos lados do nariz significa que está mentindo etc. Isso não é verdade. Você não pode afirmar que um gesto sempre significa a mesma coisa, independentemente de quem o faz. Você precisa observar o que faz aquele cliente em particular. Quando ele está interessado, pode inclinar-se para a frente. Após tê-lo observado fazer isso duas ou três vezes, então você pode aceitar a ligação. Outro cliente pode recostar-se quando está interessado. Um terceiro pode realmente coçar o nariz quando está mentindo e um quarto pode coçar o nariz porque tem alergia. As palavras e os gestos das pessoas são individuais e pessoais. Na PNL, perceber os gestos específicos de cada cliente é chamado de *calibração* e exige uma cuidadosa observação, e não decorar uma lista de características.

Linguagem

Tom de voz

O tom de voz é o segundo canal de comunicação mais importante. Já falamos sobre o acompanhamento do tom de voz para estabelecer *rapport* por telefone. Acompanhar a velocidade e o volume da voz do cliente funciona do mesmo modo em encontros face a face.

Acompanhando e conduzindo

Assemelhar é um exemplo daquilo que é chamado de *acompanhar* em PNL. Acompanhar é juntar-se ao outro em seu mundo, valorizando o seu ponto de vista. Assemelhar a linguagem corporal e o tom de voz é acompanhar num nível não-verbal. Acompanhar é como caminhar no mesmo ritmo com uma pessoa, enquanto conversamos. Ficar para trás ou muito na frente interrompe a conversa.

Você está tomando a iniciativa, portanto você deve acompanhar o cliente. Quando estiver acompanhando, você pode diminuir ou aumentar gradualmente o seu ritmo e, se vocês tiverem um bom *rapport*, ele o seguirá. Isso é *conduzir.*

Um dos exemplos que já mencionamos é assemelhar o tom de voz de um cliente num nível ligeiramente mais baixo e então, aos poucos, abaixar o seu tom de voz. Se vocês estiverem em *rapport*, ele o seguirá para um estado mais razoável. Da mesma forma, quando você demonstra a um cliente que ouviu e valorizou o que ele disse, usando as mesmas palavras ao verificar a concordância, ele ficará mais receptivo. Contudo, compreender o ponto de vista dele não significa que você precisa concordar.

Sempre que você não souber o que fazer numa reunião de vendas, simplesmente concentre-se em acompanhar a linguagem corporal e a voz do cliente. Deixe-o conduzi-lo por alguns minutos. Quando souber para onde ele está indo, você saberá o que dizer.

Palavras

As palavras são importantes, mas não tão importantes quanto pensamos. Essa afirmação baseia-se em pesquisas que descobriram que as pessoas tendem a ouvir apenas cerca de 50% do que dizemos e lembrar cerca de 10% disso. Assim, elas ouvem e lembram-se de 5% das suas palavras. É por isso que neste livro damos menos atenção aos *scripts* do que a maioria dos livros sobre vendas. Mais importante do que as palavras é a sua maneira de dizê-las e o que você faz ao pronunciá-las.

Se o seu cliente vai lembrar de tão pouco daquilo que você diz, escolha antecipadamente o que você deseja que ele lembre. Anote os pontos fundamentais.

Tendemos a nos lembrar melhor daquilo que acontece no início e no final de uma reunião; assim, transmita as suas mensagens importantes nesses momentos. Use a sua voz para *enfatizar* as coisas que você quer que o cliente lembre. *Marque-as* também com um gesto, para reforçar a mensagem. Faça isso constantemente, e ao repeti-las use o mesmo gesto para marcá-las. Isso nos leva à próxima questão...

Ouvindo e recapitulando

Nós já mencionamos a recapitulação: usar as mesmas palavras-chave que o cliente usa durante a conversa. Agora, vamos falar mais sobre ela, pois é uma habilidade importante.

Primeiro, para o cliente, a recapitulação é uma evidência audível de que você está escutando. Quando ele sabe que você está ouvindo, o *rapport* é estabelecido. Como você saberá quais são suas palavras-chave? Ele irá *enfatizá-las* com a voz. E talvez *marcá-las* com um gesto. Exatamente como você estará fazendo, porém sem perceber. Preste atenção nessas palavras. Ouça exatamente como ele expressa aquilo que deseja e precisa. Ouça o que é importante para ele. Ao recapitular, marque as palavras-chave da mesma maneira que o cliente.

Alguns vendedores verificam se entenderam o que o cliente deseja parafraseando as suas palavras. Mas as palavras significam coisas diferentes para pessoas diferentes e se você parafrasear, estará interpretando o seu significado. Você pode usar uma palavra que, apesar de ter exatamente o mesmo significado para você, não funciona com o cliente. Assim, com freqüência, parafrasear significa distorcer.

Um exemplo:

Cliente: "Eu quero que esse treinamento *motive* e *habilite* as pessoas. Vamos tratar de alguns detalhes sobre como você pode fazer isso... Eu quero que os participantes levem consigo *materiais do curso*, portanto precisamos conversar sobre a maneira de distribuí-los... e acredito que os grupos de *debates livres* são realmente úteis num treinamento como esse. Em nosso último treinamento deixamos escapar esses detalhes e acho que ele foi prejudicado."

Vendedor: "Bom. Faremos com que esse curso seja realmente poderoso e inspirador. Distribuiremos apostilas durante todo o curso... e nos certificaremos de incluir sessões para debater idéias e sugestões."

Cliente: "Não. Não é isso que eu quero."

Uma recapitulação seria assim:

Vendedor: "Bom, percebo que você quer que esse curso seja *motivador* e *habilitador*. Você quer que eles levem *materiais do curso*... e possam participar de grupos de *debates livres*.

Cliente: "Exatamente."

A recapitulação ajuda a estabelecer o *rapport* e a concordância. Nunca pressuponha que você compreendeu o que o cliente quer dizer. Ele vive num mundo diferente.

Ao ter as palavras-chave, você precisa traduzi-las em palavras e ações que você compreenda. Em nosso exemplo, o vendedor continuaria fazendo perguntas como:

"Você poderia me dar uma idéia ou um exemplo de um treinamento que seja motivador e habilitador?"

"Como você avaliaria se ele foi motivador e habilitador?"

Essas perguntas começam a revelar o sentido das palavras-chave "motivador" e "habilitador" e, assim, você pode compartilhar a compreensão e os critérios do cliente. Com relação aos "materiais do curso" e "debates livres":

"Que materiais você tem em mente?" (As apostilas podem nem ter passado por sua mente.)

"Fale-me sobre os debates livres que ajudarão as sessões. Como eles funcionariam?"

A recapitulação pode trazer muitos benefícios:

- *Verificar a concordância.* A recapitulação estabelece pontos de concordância com o cliente.
- *Criar e demonstrar* rapport. As palavras-chave do cliente descrevem o que ele considera importante e, assim, você está reconhecendo o que ele acha relevante e demonstrando que ouviu com atenção.
- *Revelar e reduzir mal-entendidos.* Ao recapitular, você descobrirá áreas em que ainda tem dúvidas. Assim, você pode fazer perguntas para esclarecer o significado. Algumas vezes, durante a recapitulação, um cliente pode dizer: "Bem, sim... mas pensando bem, não é exatamente isso que eu quero". Portanto, ela pode esclarecer as coisas também para o cliente.
- *Continuando a conversa.* A recapitulação é como a pontuação em uma frase. Ela indica uma pausa, uma revisão, antes de continuar em frente.

Palavras a serem evitadas

Mas

"Mas" é uma palavra que cancela a parte da frase que a precede. Por exemplo:

"Você diz que é caro, mas considere os benefícios oferecidos pelo produto..."

"Vocês já estão fazendo bem, mas posso lhes mostrar como fazer melhor..."

"Sei que você está ocupado, mas tenho certeza de que gostará de ver esse produto..."

Substituir "mas" por "e" mantém a ligação e não cancela, elimina ou desperta dúvidas sobre a primeira parte da frase. Você quase sempre pode reformular a frase de maneira mais positiva.

Assim: "Sei que a entrega imediata é importante, mas não podemos efetuá-la até sexta-feira" torna-se: "Sei que uma entrega rápida é importante para você e podemos garantir que ela será efetuada até sexta-feira".

Muitas pessoas, ao ouvirem a palavra "mas" deixam de escutar o que vem depois, porque estão muito ocupadas pensando numa maneira de discutir o que estava errado.

Tentar

Tente evitar a palavra "tentar". Tente realmente. Observe que a palavra "tentar" sugere dificuldade, até mesmo impossibilidade. Quanto mais você tentar mais difícil ficará. Se você pedir a alguém para lhe fazer um favor e ela responder: "Tentarei", você acha que ela vai ou não fazer o favor? Vender é abrir possibilidades, não sugerir problemas.

Faça esta experiência. Coloque sua caneta no chão e tente pegá-la. Você não pode pegá-la, porque se o fizer, não estará mais tentando, estará *conseguindo*.

Quando lhe pedirem alguma coisa, em vez de responder: "Eu tentarei", responda "sim", "não" ou "talvez". O Princípio de Peter afirma que tudo o que pode dar errado dará errado se você esperar o suficiente. Portanto, lembre-se disso. Discuta os problemas.

Negativas

Geralmente, os clientes dirão aquilo que não desejam:

"Eu não quero um tapete como o último, que depois de um ano estava caindo aos pedaços."

"Eu não quero ficar esperando a entrega."

Isso pode ser útil, porque você fica sabendo o que eles acham importante evitar. Você fica conhecendo a parte "afastamento" da necessidade, embora essa seja apenas a metade da história. Você ainda precisa saber o que eles querem, a outra metade. Pergunte que tipo de tapete ele deseja e para quando realmente quer a entrega.

Você também deve evitar usar negativas. Por exemplo, há a frase clássica: "Eu não quero ser difícil". Você já sabe que, em seguida, virá um "mas..." e então alguma coisa difícil. Negá-la antecipadamente só a torna mais óbvia. É melhor dizer: "Prevejo uma possível dificuldade que você poderia me ajudar a resolver".

Pense neste exemplo: "Não se *preocupe* com a entrega, não há motivo para que não possamos efetuá-la até a próxima semana".

Na verdade, esse é um convite à preocupação e para começar a imaginar motivos para a entrega não ser efetuada até a próxima semana.

As frases formuladas no negativo agem como uma ordem num nível mais profundo. Dizer: "Não se preocupe" é uma ordem para notar problemas, ficar preocupado ou fazer qualquer coisa que lhe pediram para não fazer.

Se eu lhe pedir para não pensar no seu maior concorrente, o que acontece? Você precisa pensar nele para compreender a frase. Como não pensar em alguma coisa? Pensando em outra. Assim, pense no seu melhor cliente. Fale no positivo. "Pode ter certeza..." em vez de "Não se preocupe..."

Não queremos que você pense em todas as possíveis coisas que podem não dar certo com a venda se você não parar de usar negativas.

Esta última frase foi clara?

As frases negativas também podem ser confusas, não podem?

Rapport

Palavras-chave

- A primeira habilidade em vendas é criar um relacionamento de confiança e *rapport* com o cliente.
- Há três níveis de *rapport*:
  - *Cultural*. É como os vendedores são considerados em geral.

- *Segurança.* Se uma pessoa se sente ameaçada por um vendedor ou por seu produto.
- *Pessoal.* É criar confiança e influência mútuas num encontro face a face.
- Estabelecer e manter *rapport* assemelhando:
  - Linguagem corporal:
    - vestir-se apropriadamente;
    - assemelhar a postura geral, a quantidade e velocidade de gestos e quantidade de contato visual.
  - Linguagem:
    - assemelhar o tom de voz;
    - marcar os seus pontos importantes;
    - recapitular usando as mesmas palavras-chave do cliente;
    - substituir "mas" por "e";
    - evitar a palavra "tentar";
    - formular frases no positivo.
- Praticar o acompanhamento em situações seguras.
- Torná-lo uma expressão do seu sincero interesse.
- Assemelhar é um exemplo de acompanhar: juntar-se à outra pessoa no seu mundo.

CAPÍTULO 7

FALANDO A LINGUAGEM DO CLIENTE

Criar *rapport* é o primeiro passo em vendas. Você estabelece uma ligação com o cliente, na qual ambos estão abertos à influência. E depois, o que fazer? O seu objetivo é identificar aquilo que o cliente deseja e o que é importante para ele, porque você está procurando combinar sua necessidade, seus critérios de compra e prioridades com o seu produto e com os padrões da sua empresa. Para saber se essa combinação existe ou não, você precisa saber o que o cliente pensa, e como ele pensa.

Como descobrir *o que* e *como* alguém pensa? Com certeza, essa informação está bem trancada na cabeça das pessoas. Contudo, enquanto você ouve, as palavras do cliente lhe dirão não apenas o que ele pensa, mas *como* ele pensa. E quando você souber como ele pensa, poderá explicar e discutir sua necessidade e seus produtos de modo que ele, provavelmente, entenda melhor. Já dissemos que as mesmas palavras podem significar coisas diferentes para pessoas diferentes. Esta seção lhe dará um *insight* da mente do cliente, para você poder escolher as palavras certas — às quais *ele* responderá.

Maneiras de pensar

Relembre-se de sua última reunião de vendas bem-sucedida. Durante alguns minutos, lembre-se dela e descreva-a para si mesmo...

O que você fez? Como você se lembra dela? Talvez você tenha visualizado a cena e o cliente. Talvez tenha escutado novamente os sons e as vozes. Provavelmente, você se sentiu bem com o resultado e pode ter falado para si mesmo a esse respeito. Nós obtemos informações do mundo com nossos cinco sentidos: visual, auditivo, tátil, gustativo e olfativo. Então, nós as experimentamos novamente, isto é, *reapresentamos* partes dela para nós mesmos quando pensamos.

A PNL considera os cinco sentidos — visual, auditivo, cinestésico (sentimento), olfativo (odor) e gustativo (paladar) — e examina como os utilizamos internamente para pensar, chamando-os de *sistemas representacionais*. Pensar é uma mistura dos cinco sistemas representacionais. Mas nós não pensamos da mesma maneira. Algumas pessoas prestam mais atenção às imagens internas criadas no seu sistema visual. Outras falam muito consigo próprias e usam mais o sistema auditivo. Muitas pessoas estão mais conscientes de seus sentimentos e sensações corporais (sistema cinestésico).

Como já mencionamos, nossa maneira de pensar se reflete naquilo que dizemos. As pessoas que pensam através de imagens usam palavras como "ver", "perspectiva", "olhar", "brilhante", "visão" e "cena". Elas podem usar frases como: "Estou feliz em ver que concordamos" ou "Isso é muito vago, preciso vê-lo em branco e preto".

Uma pessoa que pensa por meio de sons ou ouve uma voz interna usará palavras como "dizer", "contar", "perguntar", "falar", "tom" e "ordem". Ela pode usar frases como: "Posso ouvi-lo muito bem". Ela "discute as coisas" ou "ouve a sua proposta", e pode dizer: "Parece uma boa idéia mas algo me diz que não funcionará".

Uma pessoa que pensa através dos sentimentos usará palavras como "tocar", "mover", "apreender", "sentir", "suave", "sólido", "firme" e "equilíbrio". É provável que ela use frases como: "Estou pesando o assunto" ou "Ele é um cliente frio". Ela "tocará no assunto" ou "levará a cabo o projeto".

Na PNL, essas palavras relacionadas a um dos nossos sentidos são conhecidas como *predicados*.

Há também muitas palavras que usamos e que não são específicas a nenhum dos sentidos. Palavras como "provar", "descobrir", "permitir", "pensar", "planejar", "saber", "motivar" e "acreditar" não fornecem pistas sobre visão, audição e sentimento.

Eis algumas palavras ou frases comuns que você pode usar, "traduzidas" dos sistemas para lhe mostrar como elas soam e lhe dar uma idéia:

Neutro	Visual	Auditivo	Cinestésico
considerar a idéia	examinar	perguntar	explorar
demonstrar o produto	mostrar-lhe	explicar para você	dar uma idéia
discutir	observar	discutir	verificar
relembrá-lo	mostrar novamente	lembrar	levá-lo de volta
eu compreendo	eu vejo o que você quer dizer	posso ouvi-lo muito bem	posso captar o seu ponto
eu não compreendo	não está claro	isso soa estranho	isso não se encaixa
eu sei	está claro para mim	soa bem	percebo

Agora que você sabe em que deve prestar atenção, o próximo passo é ouvir o que seus clientes dizem e observar quando usam palavras sensoriais. Após alguns dias, você começará a ver, ouvir e percebê-las com maior facilidade. Quando conseguir isso, poderá começar a reproduzi-las na sua resposta. Apesar de usarmos as diferentes maneiras de pensar o tempo todo, ao prestar atenção nos predicados que as pessoas usam você pode descobrir que algumas tendem a usar mais expressões visuais, outras mais expressões cinestésicas, e outras, mais expressões auditivas. Sabendo qual seu sistema preferido, você também pode começar a se expressar nesse sistema, porque as pessoas gostam de quem pensa como elas.

Tente esta experiência. Recomende a um amigo ou colega um filme ao qual você assistiu, de três maneiras diferentes, para descobrir qual delas foi mais convincente.

Primeira. "O filme foi realmente bom. A fotografia é brilhante. Você realmente consegue um profundo *insight* da mente dos principais personagens. As imagens são memoráveis. Eu adoraria assisti-lo novamente."

Segunda. "Que filme impressionante! Uma caracterização muito poderosa, que prende a atenção. Os personagens realmente transmitem seus sentimentos. Vá vê-lo. É ótimo. Você ficará fascinado."

Terceira. "Preciso falar sobre esse filme. O diálogo é maravilhoso e a trilha sonora é sensacional. Os personagens principais mostram seus objetivos em alto e bom som. Eu gosto quando um filme conta uma excelente história."

A primeira descrição foi visual, a segunda cinestésica e a terceira auditiva. Esses exemplos são exagerados e tornam mais fácil ver, ouvir e sentir como você pode dizer a mesma coisa de maneiras diferentes. Sua mensagem é a mesma, mas um amigo pode não se sentir motivado a assistir ao primeiro filme, embora queira assistir ao segundo. (Mas lembre-se — é o *mesmo filme.*) Pense na diferença que isso pode fazer quando você for descrever seu produto.

Para descobrir qual sua maneira preferida de pensar e se expressar, fale naturalmente do seu trabalho durante cinco minutos e grave suas palavras, sem pensar no que está dizendo. Então, ouça a gravação e observe os diferentes tipos de palavras. Observe se a sua linguagem tem predominância de uma ou duas das diferentes maneiras de pensar.

Talvez você note que se a sua tendência é pensar através de imagens, obtém um bom *rapport* e provavelmente melhores resultados com clientes que também pensam através de imagens, podendo ser menos eficaz com aqueles que pensam com sentimentos.

Palavras técnicas e jargões

Usar a linguagem do cliente irá criar *rapport* e mostrar as características e benefícios do seu produto do jeito que ele se sente mais confortável. Ao fazer isso, use o vocabulário técnico do cliente, se ele o fizer. Cada negócio tem seu jargão e essas palavras têm muito significado para o cliente. Usar o jargão não é tentar impressionar o cliente e fingir que conhece as palavras. É usar o vocabulário dele para assemelhar sua maneira de pensar. Se você não fez sua lição de casa, pergunte o significado das palavras, traduza-as e então use-as quando se sentir confiante para fazê-lo. E evite os jargões próprios de vendas.

Pensamento e velocidade de fala

As palavras são uma das expressões dessas diferentes maneiras de pensar. Existem outras. Imagine pensar através de imagens. As imagens surgem rapidamente e contêm muitas informações ao mesmo tempo. As pessoas que pensam muito através de imagens — e você pode ser uma delas — tendem a falar mais depressa para acompanhar as imagens. As pessoas que pensam através dos sentimentos geralmente falam mais devagar, porque os sentimentos precisam de tempo.

Assim, uma conversa entre uma pessoa que pensa através de imagens e outra que pensa através de sentimentos pode resultar num desencontro desastroso. Aquela que pensa visualmente falará mais rápido, dizendo coisas como: "Venha e olhe essa proposta. Anotei algumas idéias para colocar o problema em perspectiva".

A pessoa que pensa através de sentimentos falará mais devagar, dizendo coisas como: "Ainda não me sinto totalmente à vontade com esse plano. Percebo algumas lacunas. Não vamos nos agarrar muito depressa à solução mais fácil".

Após desenvolver a habilidade de perceber como o diálogo está se desenvolvendo, o seu valor torna-se óbvio. Não é tanto o que as pessoas dizem — embora isso também seja importante —, é a maneira como elas dizem.

Figuras de linguagem

Como já vimos, uma vez que as pessoas pensam de maneiras diferentes, usarão frases diferentes que você pode assemelhar.

Você também pode criar frases dentro do mesmo sistema representacional. Eis alguns exemplos:

Visual

"Vejo o que você quer dizer."
"Deixe-me lançar uma luz sobre o assunto."
"Sem sombra de dúvida."
"O futuro parece brilhante."
"Quero colocar esse problema em foco."

Auditivo

"Isso faz soar uma campainha."

"Ouço o que você está dizendo."
"Por assim dizer."
"Nunca ouvi falar."
"Não consigo ouvir meus pensamentos."

Cinestésico

"Vou entrar em contato com você."
"Espere um minuto."
"Não consigo perceber."
"Captei bem os pontos principais."
"Essa é uma base sólida para a proposta."

Suponha que um cliente lhe diga: "Eu prevejo dificuldades. Você pode me *mostrar* uma maneira de evitar o problema?".

Uma boa resposta seria: "Claro, deixe-me mostrar algumas possibilidades para ver qual lhe parece a melhor".

Então, se você estiver fazendo uma apresentação, pode literalmente escrever algumas opções no *flip chart* ou numa folha de papel.

A resposta: "Claro, vamos percorrer todas as possibilidades para lhe dar uma boa idéia da escolha disponível" não combinaria com a maneira de o cliente expressar a restrição, pois usa palavras de ação e sentimento e não reproduz o pensamento visual do cliente.

Um outro cliente pode dizer: "Isso me *soa* difícil".

Ele parece estar ouvindo a dificuldade.

Sua resposta: "Vamos tentar harmonizar a proposta. Posso falar muito mais a seu respeito".

Então, fale sobre o assunto, não use diagramas.

Um terceiro cliente: "Sinto que há um bloqueio aqui. Como podemos evitar o problema?".

Assim, "Deixe-me guiá-lo pelas etapas, para que você possa entender melhor".

Naturalmente, você ainda terá de lidar com objeções, mas mostrou que compreende o seu raciocínio.

Metáforas

Podemos ampliar a idéia de assemelhar frases e figuras de linguagem incluindo a utilização de histórias e analogias extraídas dos interesses e do trabalho do cliente.

Por exemplo, para um atleta, planejamento financeiro poderia significar falar sobre diferentes políticas como se fossem diferentes eventos de atletismo, algumas baseadas no vigor, outras na velocidade, porém sem a mesma resistência. Para um músico, envolveria a harmonização de todas as diferentes partes de sua vida. A PNL usa a palavra *metáfora* para descrever histórias e figuras de linguagem que envolvem uma comparação. Elas podem esclarecer uma questão e torná-la memorável, como levar alguém para observar o pôr-do-sol no horizonte para falar sobre o futuro.

Se eu fosse um pedreiro ensinando alguém a construir uma parede, uma das coisas que poderia fazer seria mostrar como assentar um tijolo. Se eu fosse um pai desejando modificar o comportamento de um filho, a melhor coisa que poderia fazer seria me comportar da maneira que desejo que a criança se comporte. Se eu fosse um oficial do exército querendo que a tropa atacasse o inimigo, a melhor coisa que poderia fazer seria liderar o ataque. Portanto, darei mais alguns exemplos.

Eu estava conversando com o diretor-administrativo de uma empresa que passava por terríveis problemas. Os diretores estavam muito mais preocupados com seus objetivos pessoais do que com os corporativos. Grande parte do seu tempo era desperdiçada em politicagem, cada um humilhando e tentando destruir a autoridade do outro. O trabalho de administrar os negócios estava ficando incidental.

Eu disse ao diretor-administrativo: "Vejo a imagem de Charlton Heston em *Ben Hur*. Você está em seu coche, lutando para vencer a corrida, mas seus cavalos estão puxando em direções diferentes e você está quase sendo derrotado".

"É isso aí", respondeu o diretor-administrativo com alívio, porque eu não somente demonstrara e, portanto, compartilhara uma compreensão do seu problema, como também esclarecera sua experiência e seus sentimentos.

Um outro exemplo é o de uma empresa fornecedora de material para escritório que estava perdendo clientes devido aos atrasos nas entregas. O setor de vendas era excelente, mas estava ficando cada vez mais decepcionado com a incapacidade da empresa para manter os clientes. A qualidade dos produtos era de primeira.

"Assim", disse para o diretor-administrativo, "as entregas são como os furos num barril, impedindo-o de permanecer cheio."

"Sim, são. Você pode me ajudar a tapar os buracos?", perguntou.

Em outra ocasião, eu estava conversando com alguém que abrira algumas imobiliárias e recrutara, a um alto preço, os melhores negociadores de outras imobiliárias, para descobrir depois que eles não estavam dando certo.

"Portanto", eu disse, "você é um empresário com dinheiro para gastar num time de futebol. Você comprou os melhores jogadores. Mas onde está o capitão, que conseguirá o melhor dos jogadores? Onde estão as sessões de treinamento? E quem vai lhes mostrar o estilo de jogo desejado?"

Ele concordou e juntos elaboramos um plano que resultou no recrutamento de um gerente de vendas que introduziu padrões na empresa e um programa de treinamento.

Benefícios tangíveis e intangíveis

Geralmente, os produtos são tangíveis. Um carro pode ser tocado e dirigido. Uma máquina de fax pode enviar e receber mensagens que podem ser lidas. Entretanto, em alguns casos, os benefícios proporcionados pelos produtos podem ser menos tangíveis. As vantagens gerais obtidas podem ser entendidas, mas os benefícios específicos oferecidos a um cliente podem ser mais difíceis de definir. Imagine que eu sou um autor trabalhando numa máquina de escrever. A pior coisa relacionada ao meu estado atual é que meu trabalho precisa de muitas revisões e correções e isso significa datilografar tudo outra vez. Isso significa que terei de trabalhar mais horas, não vou cumprir prazos e terei de recusar outros trabalhos. Por si só, a demonstração de um processador de texto seria um poderoso argumento de venda. Entretanto, imagine o vendedor dizendo: "Esse processador de texto pode fazer correções no texto e imprimir o documento revisado sem duplicar o trabalho, que pode permanecer inalterado. Para você, isso significa que não haverá mais perda de tempo, de prazos ou trabalhos recusados".

Este é um argumento poderoso, verdadeiro e mostra que o produto vale seu preço. Contudo, volte para trás e lembre-se dos primeiros processadores de texto, que ainda não tinham argumentos a seu favor e cujo preço, comparado a outros equipamentos de escritório, era muito mais elevado do que agora. Acrescente à descrição do vendedor a respeito das vantagens: "Você seria como um pedreiro que, ao descobrir que a parede está fora de alinhamento, simplesmente passaria a mão sobre ela para endireitá-la, em vez de derrubá-la e começar outra vez". Essa metáfora mostra a facilidade do "novo" comparada às dificuldades do "antigo" e resume as vantagens.

Para algumas empresas, o treinamento e o desenvolvimento do pessoal pode parecer uma "despesa" evitável. Geralmente, isso acontece porque é difícil avaliar e quantificar os resultados e benefícios das despesas com o treinamento do pessoal. Os custos com o treinamento podem ser elevados, mas o custo da ignorância, geralmente, é mais elevado. Como explicar isso?

No Canadá são realizados campeonatos de lenhadores. Os dois finalistas são inimigos mortais. Cada um recebeu uma porção igual de floresta e começou a cortar as árvores. Após uma hora, o lenhador Joe ouviu o lenhador Fred parar de cortar. Assim, Joe cortou suas árvores com mais energia, para tirar vantagem dessa pausa no trabalho de Fred. Dez minutos depois, Fred começou novamente.

As pausas na atividade de Fred ocorriam a cada hora, durante as cinco horas da competição. Joe, compreensivelmente, achou que vencera com facilidade. Afinal, ele ouvira Fred parar de cortar as árvores durante dez minutos a cada hora. Para sua surpresa, na contagem final, ele perdeu. Deprimido e decepcionado, procurou uma explicação. Perguntou a Fred como ele conseguira cortar tantas árvores *e* parar para descansar a cada hora.

"Eu não estava descansando", disse Fred, "só estava afiando o meu machado."

Falando a linguagem do cliente

Pontos-chave

- O pensamento é uma mistura de:
    - imagens internas (sistema representacional visual);
    - sons internos e diálogo interno (sistema representacional auditivo);
    - sentimentos internos (sistema representacional cinestésico).
- Escolhemos nossas palavras e frases de acordo com nossa maneira de pensar.
- Usar palavras e frases obtidas da maneira de pensar do cliente para aumentar o *rapport* e responder com mais eficácia.
- Usar metáforas e figuras de linguagem extraídas dos interesses do cliente.

CAPÍTULO 8

VALORES, REGRAS E ESTRATÉGIAS DE DECISÃO

O que o cliente deseja?

Em toda necessidade há um problema atual e um futuro melhor. O problema atual, geralmente, é mais convincente do que um futuro melhor, simplesmente porque está aqui-agora. Portanto, quando um cliente está razoavelmente feliz no presente, concentrando-se mais em se dirigir para um futuro melhor, volte sua atenção para aquilo que está errado agora. Desenvolva a insatisfação com o presente. O movimento precisa de um empurrão ou de um puxão. Mas aplicar os dois ao mesmo tempo funciona bem melhor. Para explorar o futuro, faça perguntas como:

"Como seria se você já tivesse resolvido esse problema?"
"O que você teria que não tem agora?"

Para focalizar a insatisfação atual, faça perguntas como:

"Quais as implicações para o seu negócio se essa situação atual não for examinada?"

Para focalizar os problemas e as soluções, pergunte:

"Quais as vantagens e desvantagens da situação atual?"

Seja qual for o nível de administração, sempre haverá um lado pessoal e um organizacional no problema presente e no futuro desejado.

Por exemplo, suponha que você esteja vendendo seus serviços de consultoria para uma empresa usando a estratégia "do meio para cima". O benefício pessoal para seu contato inicial poderia ser uma promoção. Se você resolver o problema, ele leva os créditos por ter utilizado seus serviços. Talvez seu problema pessoal seja o de estar trabalhando muitas horas extras. O conseqüente benefício seria o de conseguir mais tempo para ficar com a família e sentir-se menos estressado.

Haverá também um problema e um benefício empresarial. O problema empresarial pode ser a baixa produtividade ou o estado de ânimo ruim no departamento, ou o departamento está ultrapassando seu orçamento. O benefício pode ser uma administração mais tranqüila do departamento, contribuindo para o lucro total da empresa. Os negócios obtêm resultados e os indivíduos ganham.

Benefício pessoal	Benefício empresarial
Promoção	*Atuação mais tranqüila*

Afastamento pessoal	Afastamento empresarial
Horas extras	*Estado de ânimo ruim*
	Baixa produtividade
	Ultrapassar o orçamento

Da necessidade para a solução

Quando você está vendendo habilidades de consultoria, os clientes podem ter uma boa idéia daquilo que precisam em termos gerais, mas não sabem como conseguir. Por exemplo, sei que quero economizar, mas não tenho certeza de como ou de quanto. Ou quero que minha empresa se concentre mais no serviço de atendimento ao cliente. Como conseguir isso? *Segmentando para baixo, de uma necessidade geral para uma solução específica.*

Outras vezes, os clientes podem saber exatamente o que desejam e apenas uma solução servirá. Eles desejam determinado plano de poupança, determinado curso de vendas. É aqui que você pode usar suas habilidades e conhecimentos para verificar se existem outras possibilidades que atenderiam à necessidade melhor do que a solução que o cliente já escolheu. Talvez ele não tenha todos os fatos ou talvez possa haver uma maneira ainda melhor para solucionar seu problema. Aqui você *segmentará para cima, de uma solução específica para a necessidade geral*, para descobrir se existe uma solução melhor para aquela necessidade.

Eis um exemplo. Suponha que você seja um consultor e um gerente lhe diz: "Eu quero um curso de treinamento de três dias, que não custe mais do que 600 libras por dia e que seja iniciado antes do dia primeiro do próximo mês". Isso é muito específico. Quer você possa ou não atender a essa exigência, explore a necessidade que essa solução exige. Pergunte: "O que você quer que o curso de treinamento faça?". A resposta pode ser o aumento de produtividade em determinado departamento. Se esse for o caso, há outras possibilidades como a aprendizagem ou consultoria auxiliada por computador. Há também a opção de um projeto de modelagem de habilidades para descobrir o que fazem as pessoas mais produtivas da empresa, de maneira diferente das outras, e, então, planejar um curso de treinamento para ensiná-las a trabalhar daquela maneira. Qualquer uma dessas possibilidades pode ser uma forma para aumentar a produtividade melhor do que um curso de treinamento de três dias.

Outra pergunta que poderia ser feita é: "Qual a importância de ter 600 libras por dia como teto?". Talvez haja um orçamento total de 1.800 libras, o que explicaria por que o curso deve durar três dias. Entretanto, as 1.800 libras não precisam necessariamente financiar um curso de treinamento de três dias. Elas devem financiar uma solução.

Uma terceira pergunta: "O que aconteceria se o curso fosse iniciado após o dia primeiro do próximo mês?". Pode ser que após essa data alguns empregados importantes estejam envolvidos em outro projeto. Você pode verificar se é possível adiar esses projetos ou alternar os dias.

Esse é um exemplo de como obter detalhes e segmentar para cima, para a necessidade mais ampla, para depois descobrir outras maneiras de satisfazê-la. Você segmenta para cima, partindo de um simples pedido, para uma necessidade suficientemente ampla para abranger diferentes soluções — um princípio geral que pode ser usado para vender qualquer coisa, desde consultoria até móveis para escritório.

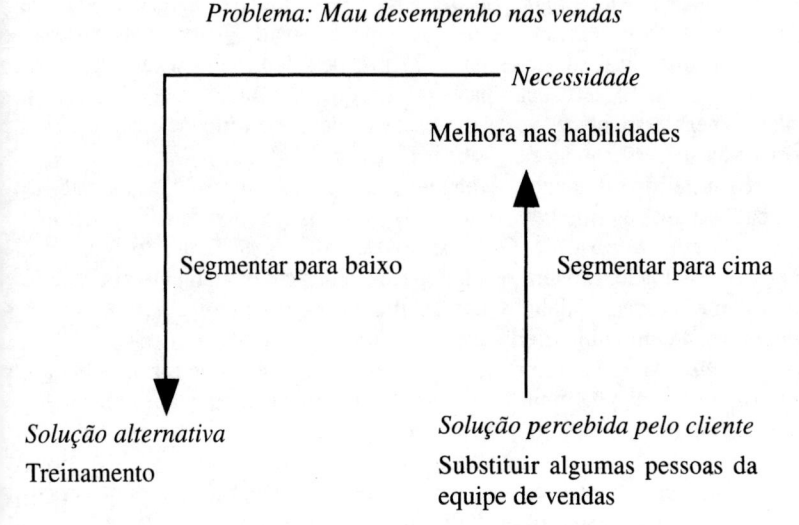

Problema: Mau desempenho nas vendas

Necessidade

Melhora nas habilidades

Segmentar para baixo

Segmentar para cima

Solução alternativa
Treinamento

Solução percebida pelo cliente
Substituir algumas pessoas da equipe de vendas

Figura 7 — Movimento para cima e para baixo

Valores e critérios

O que é importante?

Seja qual for o seu movimento, de aproximação ou de afastamento, você precisará descobrir o que é importante para o cliente. Essas questões básicas são conhecidas como *critérios* e *valores* em PNL. Os valores são o segmento maior — o que é importante para nós, de modo geral. Com freqüência, eles são estados emocionais e constituem a força propulsora por trás de tudo que fazemos. Os exemplos desses valores são boa saúde, amor, prestígio, diversão, poder, sucesso e aprendizagem.

Conhecemos um vendedor que começou a vender carros no final dos anos 60. De olho no futuro, perguntou aos colegas quais os fabricantes de carros que provavelmente seriam os maiores na indústria nas próximas duas décadas. Para sua surpresa, tendo em mente que estamos voltando muitos anos para trás, os carros mais recomendados não foram os alemães, nem os ingleses ou americanos. Disseram-lhe que o Japão seria a maior nação fabricante de carros. Conseqüentemente, ele foi para uma empresa que tinha franquia para carros japoneses. Ele preparou seu método de vendas, aprendeu tudo sobre os diferentes modelos de carros disponíveis, sua segurança, prazos de entrega etc. Ele ficou tão impressionado com a qualidade do produto que precisaria vender que não conseguia enxergar nenhuma falha. E, mesmo assim, freqüentemente classificava o cliente (verificando se ele tinha a necessidade), descobria quais as outras marcas e modelos que ele estava procurando, fazia uma apresentação e uma comparação de custos e solicitava o pedido. As vendas que perdia deixavam-no confuso, porque ele sempre conseguia igualar, quando não superar, os outros carros no que se referia ao nível de desempenho, segurança, características e custo. Ele levou anos para entender que, para muitos clientes, havia um valor não expresso, muitas vezes inconsciente, de que o carro deveria ser inglês, mesmo que pagassem mais por isso.

Os critérios são menos abrangentes do que os valores: eles são valores aplicados a um determinado contexto. Usamos os critérios para decidir como satisfazer uma necessidade. Os exemplos de critérios são preço, tempo, segurança e velocidade. Em termos monetários, o custo é obviamente um critério importante. Pense no dinheiro essencialmente como uma *medida de importância* e não como um critério em si mesmo.

Se não houver imprevistos, os clientes escolherão o que for mais barato, mas raramente não há imprevistos. Seu trabalho como vendedor é mostrar o que é diferente entre aquilo que você oferece e o que seu concorrente oferece. Quando os clientes escolhem o produto ou serviço mais barato, pode ser que não estejam conscientes de seus outros critérios importantes. Assim, procuram o mais barato. Em última análise, *você* é a diferença.

Os valores e os critérios buscam algo positivo ou se afastam de algo negativo. Uma pessoa pode desejar segurança para sua família. Ela pode pensar nisso essencialmente como uma sensação de segurança — ou como não se sentir ameaçada. Uma implica na outra e a pessoa tende a se concentrar mais num dos lados da equação. Onde uma pessoa vê tranqüilidade num plano de pensão, outra vê que não precisa mais se preocupar. Você está vendendo um valor percebido.

Eis algumas perguntas-chave que você pode usar para descobrir e explorar os critérios de um cliente. É provável que essas perguntas sejam as mais importantes em vendas. Você pode formulá-las de maneira um pouco diferente, dependendo daquilo que estiver vendendo:

"O que você deseja de [uma casa, férias, computador, curso de treinamento]*?*

"O que é mais importante para você com relação a [uma casa, férias, computador, curso de treinamento]*?*

"O que o fato de ter [uma casa, férias, computador, curso de treinamento] *faria para você?*

Quando souber quais são os critérios do cliente, responda com as mesmas palavras. Se ele deseja segurança, use "segurança" na sua próxima pergunta. Não use "tranqüilidade" ou outras palavras mesmo que elas possam significar a mesma coisa para você. Pode apostar que elas não significam o mesmo para o cliente.

Regras para atender critérios

O que os critérios significam para você?

Conhecendo os critérios, você precisa descobrir o que eles significam para o cliente.

Por exemplo, um cliente diz que deseja "confiabilidade num computador". Esse é um dos seus critérios. Eu não tenho idéia do que ele quer dizer. Preciso perguntar: *"Para você, o que significa confiabilidade num computador?"*

Ele pode responder: "O computador não deve quebrar pelo menos durante três meses".

É isso que precisa acontecer para que o produto atenda ao seu critério. Essas exigências, em PNL, são chamadas de *critérios equivalentes*. "As regras para satisfazer seus critérios" são uma outra maneira de pensar nisso. Conhecendo essas regras ou equivalentes, você pode começar a combiná-las com as características e vantagens do seu produto. Quanto mais características do seu produto você puder ligar aos critérios do cliente, mais o cliente se sentirá atraído.

Outras perguntas para conhecer as regras são:

"Como você decidiria se um computador é confiável?"
"Como você saberia se um computador é confiável — o que ele faria e o que ele não faria?"
"Quais as qualidades de um computador confiável?"
"Que evidências você procura para saber se ele é confiável?"

Um vendedor de móveis de alta qualidade para cozinhas passou horas discutindo a necessidade de determinada cliente, examinando o projeto total, medindo e calculando o custo de diferentes projetos, até que finalmente a cliente se comprometeu a gastar muitos milhares de libras numa cozinha de primeira. A entrega e a instalação foram combinadas. O vendedor tomou muito cuidado, instruindo a equipe de instalação sobre a maneira de se comportar e lidar com a cliente, para ter certeza de que a venda não seria ameaçada. Na tarde da instalação, ele foi verificar se estava tudo certo e descobriu que nada estava acontecendo. Não havia sinal da nova cozinha. Tudo o que a cliente disse, antes de fechar a porta, foi que, afinal de contas, ela não estava contente com a compra e mandara tudo de volta. O vendedor ficou desconcertado. A equipe de instalação também; eles não haviam feito nada de errado. A administração estava furiosa. Felizmente, alguns dias depois a cliente telefonou para confirmar novamente o pedido, sob a expressa condição de que a cozinha fosse entregue por um furgão com o nome e o logotipo da empresa bem visíveis, não naquele furgão branco que a empresa alugara para fazer a entrega, por falta de transporte disponível naquele dia. Ficou evidente que essa cliente não apenas desejava comprar o melhor, como queria que os vizinhos vissem que ela comprara o melhor.

Quando seu produto combinar com os critérios do cliente e satisfizer as regras, você terá uma venda. Em geral, seu produto — ou serviço — atenderá a alguns critérios, e a outros não. É claro que se você não conseguir satisfazer a todos, pode ser que ninguém consiga. Nesse caso, não existe uma combinação perfeita para esse cliente em particular. Assim, ele deverá priorizar os seus critérios. Portanto, reforce os critérios que você pode satisfazer, seja cla-

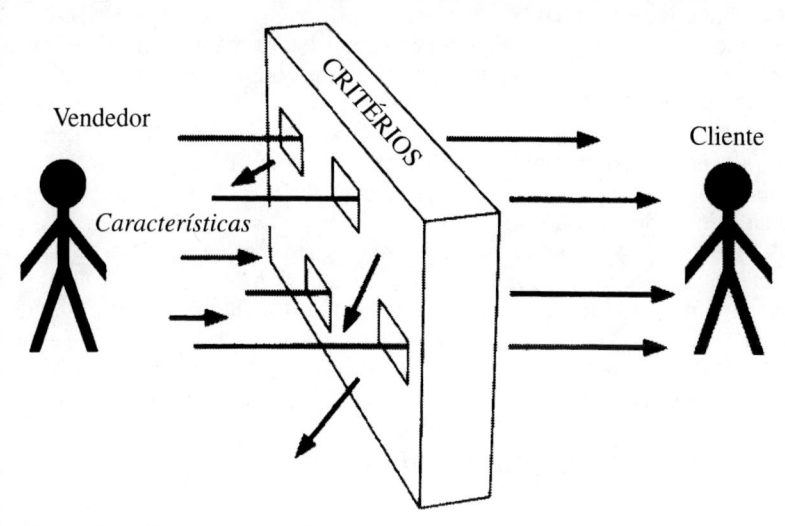

Figura 8 — Critérios como filtros

ro a seu respeito e certifique-se de que o cliente entendeu. Por exemplo, se os seus serviços de fax estiverem dentro do orçamento do cliente e disponíveis 24 horas por dia, como ele desejava, mantenha essas características em primeiro plano.

Os critérios podem ser expressos por meio de avaliações flexíveis ou rígidas. As avaliações rígidas podem ser medidas objetivamente: um orçamento definido, um número fixo, uma determinada data. Os critérios flexíveis são uma questão de julgamento: quanto mais agradável, melhor.

Os critérios não são lógicos, são emocionais, portanto, não os minimize nem discuta com eles. Eles não podem ser influenciados por argumentos. Mas você pode modificar aquilo que eles significam. Isso é chamado de *ressignificação*. Não importa se os critérios são rígidos ou flexíveis. A ressignificação pergunta: *"O que mais isso poderia significar?"*.

Por exemplo, um cliente quer um curso que seja iniciado na próxima semana. Se isso não for possível para você, ressignifique. Se ele começar na próxima semana isso *pode* significar que os participantes não estarão preparados ou não terão tempo para ler as apostilas antes do curso. Enfatize esse aspecto. Igualmente, um cliente deseja um *software* mais complexo — mas isso *poderia* significar custos mais elevados e um período mais longo de treinamento. Uma máquina de fax com um elevado padrão de transmissão e recepção *pode* correr o risco de ser incompatível com outras máquinas.

Dessa forma, se você não pode satisfazer os critérios, pode mostrar as desvantagens ocultas no fato de atendê-los, que o cliente talvez não tenha levado em consideração.

Um bom exemplo de ressignificação está na profissão de vendas em geral, onde as pessoas se autodenominam "consultores de marketing", em vez de "vendedores", devido ao preconceito cultural contra a palavra "vendas" no Antigo Bazar.

Voltando à senhora que comprou aquela cozinha muito cara e rejeitou a entrega num furgão branco, poderíamos ter ressignificado o furgão branco como uma maneira de demonstrar como ela era rica, porque não tinha necessidade de exibir sua riqueza.

Quando você não puder ressignificar os critérios terá de criar soluções alternativas para a necessidade do cliente. Algumas vezes você pode alterar o seu produto para atender aos critérios. A indústria automobilística é muito hábil na adaptação dos seus produtos para atender aos diversos critérios. Muitas pessoas que compram carros têm, além das necessidades óbvias e definidas, critérios como "Eu quero mostrar que sou alguém" ou "Eu quero mostrar que fui promovido". Todos esses critérios pessoais podem ser conciliados pela compra de alguns dos muitos "acessórios" disponíveis.

Concorrentes

Se pedíssemos para você pensar nos seus concorrentes, você poderia pensar em outras empresas que vendem produtos iguais ou semelhantes ao seu. Existem muito mais concorrentes do que *esses*. Eles são soluções alternativas para o mesmo problema *que você não está vendendo*. Se você vende serviços, como treinamentos ou consultoria, há muitas empresas concorrentes que oferecem esses serviços. Entretanto, não fazer nada também é uma solução competitiva para o cliente.

Empresas concorrentes

Ao competir com uma empresa semelhante à sua, você tem duas escolhas e é melhor usar ambas:

- *Fortalecer sua posição.*
  Conheça bem o seu produto, saiba em que ele é diferente daquele dos seus concorrentes e onde ele é igual, no que se refere à satisfação dos critérios do cliente. Obtenha referências de outros clientes satisfeitos.

- *Enfraquecer a competição.*
  Não é uma boa idéia ridicularizar o concorrente. Geralmente, os clientes não gostam de sarcasmo, ele diminui sua credibilidade e, na verdade, atrai a atenção para o concorrente. Uma maneira melhor é conhecer o produto do concorrente e mostrar por que as características daquele produto não atenderão às necessidades e aos critérios do cliente.
  Quando o cliente demonstrar interesse nas características do seu concorrente, faça perguntas como: "Como você acha que isso funcionaria,

uma vez que [dê um exemplo dos critérios ou necessidades do cliente]?" Assim, você acompanha a afirmação do cliente e o leva a descobrir as desvantagens da concorrência por si mesmo. Essas desvantagens serão muito mais convincentes do que qualquer coisa que você sugerir.

Finalmente, lembre-se de sua maior vantagem — você mesmo. Você valoriza o produto pelo seu *rapport* com o cliente, sua presença, seu envolvimento e autoconsciência. Na realidade, os clientes compram tudo isso, bem como o produto. Você é a referência mais forte, mais imediata e mais significativa para o seu produto.

Estratégias de decisão

Outra pergunta para conhecer os critérios é:

"Que fatores influenciaram sua decisão para comprar seu último [produto]?"

Essa pergunta também nos revela como os clientes tomam decisões. As pessoas compram da mesma maneira que compraram antes. Portanto, descubra como elas compraram antes.

Como primeiro passo, descubra se ficaram satisfeitas com sua maneira de comprar anteriormente, particularmente se você estiver vendendo produtos intangíveis, como consultoria ou treinamento.

Faça perguntas como:

"Você já fez um projeto semelhante?"
"Se já fez, ele teve sucesso?"
"A que você atribui esse sucesso?"

Se o projeto fracassou, pergunte: "O que o impediu de ter sucesso?".

Descubra o máximo que puder sobre as decisões passadas relacionadas a produtos semelhantes. Se o cliente estiver insatisfeito, descubra o que não deu certo. É sempre recompensador aprender com os erros dos outros.

Se a decisão foi boa, agora você precisa da estratégia que o cliente usou para tomar a decisão de comprar. Quando souber, você poderá apresentar seu produto de forma a facilitar a decisão do cliente. Como um quebra-cabeças, todas as peças podem estar lá, mas precisam ser organizadas para formar uma imagem coerente.

Tomando a decisão final

Ninguém decide comprar alguma coisa a não ser que o produto satisfaça seus critérios. Os clientes ouvem o que você diz e criam em suas mentes a experiência de ter o produto, por meio de uma combinação de imagens, sons e sentimentos internos. Se atender a seus critérios, eles comprarão. Se não atender ou se ficarem em dúvida, não comprarão. Isso é verdade, quer eles estejam comprando um treinamento ou um livro.

A pergunta-chave a ser feita aqui é: *"Como você decidirá se esse* [produto] *serve para você?".*

Se o cliente disser: "Por que você está perguntando?", diga. Você quer saber o que ele considera importante e como ele toma decisões, para que nenhum dos dois perca tempo.

Nesse ponto, o cliente pode dizer: "Eu não sei. Eu apenas decido". Aqui, você observa sua linguagem corporal para ter a resposta.

Movimentos oculares

Muitos estudos neurológicos sugerem que movimentamos nossos olhos em diferentes direções, sistematicamente, dependendo de como estamos pensando. Provavelmente, você já observou os movimentos que as pessoas fazem com os olhos enquanto pensam e ficou imaginando o que eles significam. Os movimentos dos olhos parecem estar associados a diferentes maneiras de pensar.

Quando olhamos para cima, para a direita ou para a esquerda, ou nossos olhos saem de foco e fitam o vazio à distância, isso está relacionado ao pensamento por meio de imagens. Você já ouviu alguém dizer: "Deixe-me *ver*", e observou-a olhar para cima? Bem, é exatamente isso que ela estava fazendo: vendo, tentando criar uma imagem da informação que você lhe deu. Talvez você já tenha visto alguém "olhar diretamente através de você" ao conversar com ela. Ela estava pensando no que você estava lhe dizendo pela visualização.

Os movimentos oculares para a direita ou para a esquerda mostram que a pessoa está pensando por meio de sons. Olhar para baixo e para a esquerda está associado ao diálogo interno, à conversa consigo mesmo.

Olhar para baixo e para a direita evoca sentimentos; as pessoas imersas em estados emocionais tendem a olhar para baixo.

Esses movimentos são verdadeiros para a maioria das pessoas, embora existam variações. Algumas pessoas, por exemplo, as canhotas, olharão para baixo e para a esquerda ao evocar sentimentos, e para baixo e para a direita para o diálogo interno.

Você não precisa acreditar no que dizemos. Observe como as pessoas movimentam os olhos quando estão pensando e as palavras que usam enquanto fazem isso. Esses movimentos oculares são fascinantes porque mostram *como* as pessoas estão pensando. Naturalmente, eles não dizem *o que* elas estão pensando.

Se você não prestar atenção, não perceberá essas pistas sutis, portanto fique alerta. *Sempre* que fizer uma pergunta, haverá uma mudança no movimento ocular. Observe-a e preste atenção ao que o cliente diz. As perguntas exigem pensamento; você não pode deixar de responder a uma pergunta e essa é a sua força.

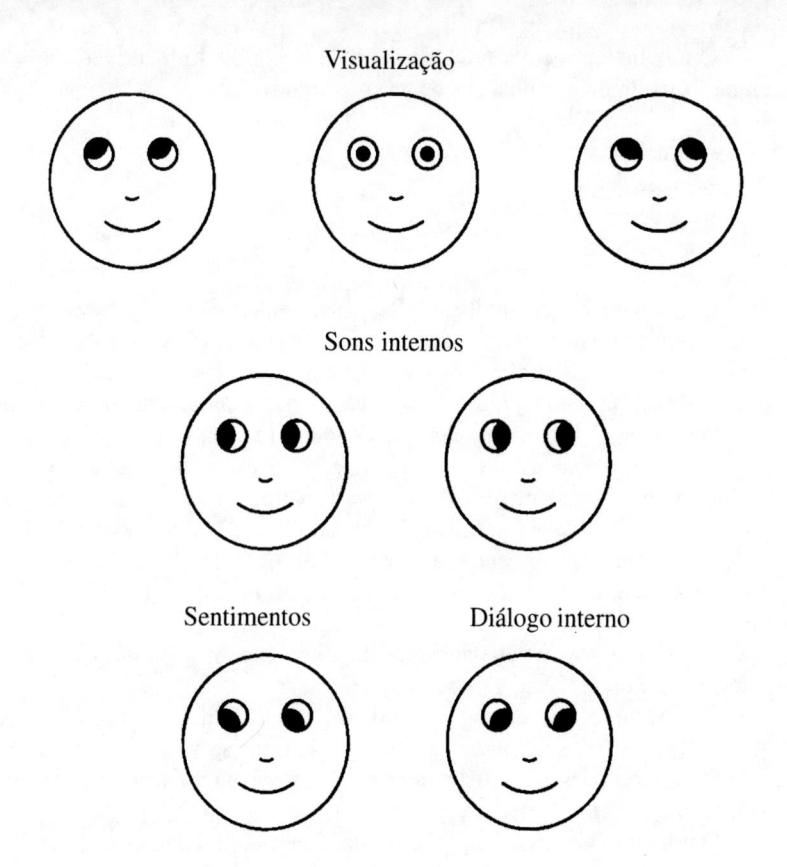

Figura 9 — *Movimentos oculares*

Ao perceber os movimentos oculares, como você pode utilizá-los?

- Suponha que o cliente diga algo como: "Eu não tenho certeza, preciso de mais alguma coisa". Enquanto diz isso, ele olha para cima (um movimento ocular visual).
  Você pode ser muito exato em sua resposta. "O que posso lhe *mostrar* para ajudá-lo?" Você está adaptando suas palavras aos movimentos oculares.
- Quando um cliente demonstrar, pelos movimentos oculares, que está pensando, *pare de falar*. Faça-o de modo natural, não abruptamente, e dê-lhe oportunidade para pensar a respeito do que você disse. Se você continuar a falar, de qualquer forma, ele não estará ouvindo. Ele está dentro da própria cabeça.

O movimento ocular também lhe mostrará o passo final na decisão do cliente. Geralmente, é uma das quatro possibilidades:

- Parece bom;
- parece certo;
- soa bem;
- faz sentido.

Um movimento ocular lhe dirá que, para uma decisão final de compra, é preciso *parecer bom*. O cliente precisa criar uma imagem daquilo que o produto é e de como ele resolverá o problema. A imagem pode ser dele mesmo ou de outras pessoas usando o produto com sucesso, não a do produto em si mesmo.

Pergunte: "Como posso ajudá-lo a criar uma imagem que lhe pareça boa?"

Os movimentos oculares para baixo e para a esquerda mostram o diálogo interno e, provavelmente, significam que o passo final é que o produto precisa *fazer sentido*. É aqui que devem prevalecer os argumentos lógicos. Pesquisas atuais indicam que somente cerca de 10% da população toma decisões através desse meio; a maioria (cerca de 40%) compra quando o produto lhe parece bom.

Algumas vezes os clientes apresentam uma estratégia mais longa em resposta à sua pergunta.

Por exemplo: "Bem, eu gostaria de *ver* alguns folhetos, então *falar* com alguns clientes antes de *sentir* que esse produto me serve". Isso é muito útil pois mostra três passos e diz exatamente o que você precisa fazer para facilitar a decisão do cliente.

O princípio nesses exemplos é prestar atenção aos clientes e aceitar literalmente o que eles lhe dizem. Se você ouvir cuidadosamente, eles mesmos lhe dirão exatamente como vender para eles. Muitas vezes, deixamos de ouvir porque decidimos antecipadamente que aquilo que pensamos funcionará ou utilizamos algumas técnicas de vendas descuidadamente.

Valores e decisão

Pontos-chave

- Uma necessidade consiste de um problema presente e de um futuro melhor. Desenvolva ambos no consumidor e na empresa-cliente.
- Usar perguntas para ir de uma solução específica para uma necessidade geral.
- Usar perguntas para ir de uma necessidade geral para uma solução específica.
- *Valores* são coisas importantes. Geralmente, são estados emocionais dos quais nos *aproximamos* ou nos *afastamos*.
- *Critérios* são valores aplicados a determinado contexto.

- *Critérios equivalentes* são as coisas que precisam acontecer para que esses critérios sejam atendidos.
- Concorrentes são soluções alternativas para o problema que você não está oferecendo.
- Estratégias de decisão são como o cliente decide comprar. Com freqüência, você pode vê-las nos movimentos oculares do cliente.
- O passo final será:
  - parece bom;
  - parece certo;
  - soa bem;
  - faz sentido.

CAPÍTULO 9

APRESENTAÇÕES

As apresentações para grupos, como sociedades e comitês de compras, podem ser assustadoras, especialmente se houver um grande pedido em jogo e se um grande grupo de pessoas estiver esperando que você o impressione. Entretanto, os princípios das boas apresentações são os mesmos, quer você tenha uma grande platéia ou apenas uma pessoa à sua frente.

Existem três aspectos numa boa apresentação:

- um bom estado emocional;
- uma preparação cuidadosa;
- boas habilidades de apresentação.

Estado emocional

Imagine que você esteja tendo um dia realmente ruim. Nada deu certo. Você está deprimido. Então, um amigo lhe telefona de casa. "Oi", ele diz, "acabaram de entregar um pacote em seu nome; você está esperando algum presente grande e pesado?"

Você se sente muito melhor. Seu aniversário será em algumas semanas. Poderia ser um presente dos seus parentes na América? Talvez sejam os livros que você encomendou há tanto tempo!

De repente, você se sente no topo do mundo. Você decide terminar os telefonemas que programou e sair para comemorar. De uma hora para outra, o trabalho começa a dar certo. Sentindo-se maravilhosamente bem, você vai para casa. Contudo, ao abrir o pacote, que não é tão grande quanto você imaginara, descobre que são algumas peças de decoração. Legal, mas não é o que você esperava. Porém, suas expectativas fizeram uma diferença em seu dia.

Não importa como, você melhorou seu estado emocional, os resultados são os mesmos. O que acontece no mundo externo nos afeta emocionalmente e, por sua vez, nossos estados emocionais determinam os resultados que obtemos no mundo.

Use os exercícios da seção sobre autogerenciamento, especialmente a ancoragem de recursos, que inclui a criação de um gatilho para levá-lo a administrar um bom estado emocional (ver pp. 158-60).

Chegue cedo à apresentação e, enquanto relaxa por alguns minutos, ensaie mentalmente como quer que ela transcorra. O "nervosismo" é normal. Todos os atores, músicos e artistas sentem isso. "Nervosismo", algumas vezes, é um outro rótulo para "excitação".

Se você achar que está nervoso e quiser se acalmar, relaxe o pescoço, os músculos dos maxilares e expire profundamente. O mito da "inspiração profunda" está apenas meio correto. Você precisa expirar profundamente para evitar o acúmulo de dióxido de carbono na corrente sangüínea, que é uma das causas fisiológicas da ansiedade. Modificar sua respiração é, provavelmente, a maneira mais poderosa para alterar o seu estado.

Isso está relacionado à maneira como nosso estado emocional é expresso em nossa fisiologia. Tente esta experiência:

Coloque este livro no chão e fique em pé. Agora, olhe para o livro, arredonde as costas e solte os ombros. Deixe os joelhos frouxos e fique encurvado. Sem mudar de postura, sinta-se confiante e determinado.

Agora, pegue o livro e fique em pé, ereto. Endireite os ombros, inspire e expire profunda e completamente. Apóie-se nos dois pés e distribua seu peso igualmente. Levante o queixo e olhe direto para a frente. Agora, sem se mexer, sinta-se hesitante e inseguro.

Provavelmente, você achou impossível experimentar um sentimento interior incompatível com sua linguagem corporal. Sua fisiologia é tanto um produto quanto uma causa do seu estado. Agir como se estivesse confiante faz você se sentir mais confiante.

O que acontece em nossa cabeça e em nosso coração influencia nosso corpo, nossos sentimentos, e também aquilo que somos capazes de fazer. Você não escala uma montanha se não achar que consegue.

Preparação cuidadosa

Saiba sempre qual o seu objetivo numa apresentação. Pode ser uma venda, mas não necessariamente uma venda. Existem outras possibilidades. Talvez seja começar com esse grupo para passar a um nível mais elevado de gerenciamento ou, ainda, conseguir verbas.

Antes da apresentação faça a si mesmo algumas perguntas para esclarecer seu objetivo:

- "Qual é o meu principal objetivo?"
- "Que mensagem básica estou transmitindo?" Resuma numa frase.

- "Quais poderiam ser os principais obstáculos a esse objetivo?"
- "Quais os benefícios para a empresa?"
- "Existem quaisquer aliados naturais ou oposição em potencial no grupo para o qual estou fazendo a apresentação?"
- "Sei tudo o que preciso para fazer essa apresentação?"
- "Preciso de uma segunda proposta caso a primeira seja recusada?"
- "Há quaisquer situações especiais com relação à duração da apresentação, que possam me ajudar ou me atrapalhar?"
- "Qual a pergunta mais difícil que poderiam me fazer?"

Saiba qual é a sua flexibilidade em termos de preço, custos, tempo e extras.

Procure saber os nomes e os cargos das pessoas presentes na apresentação, especialmente daquelas que tomam as decisões.

Boas habilidades de apresentação

As suas habilidades de apresentação dão vida às suas palavras. Não seria uma boa idéia usar uma apresentação "preparada". Por que não? Qual é a intenção de compor totalmente uma apresentação antecipadamente? Diminuir o seu nervosismo. Ensaie, prepare e pratique, mas subordine o assunto à sua individualidade e à situação única. Você deseja atingir determinado objetivo. Se sua apresentação for organizada de maneira muito rígida, em lugar de ser um meio para atingir um fim, torna-se um fim em si mesma. Você pode ou não atingir seu objetivo. Sendo flexível, você pode perceber como a apresentação está se desenvolvendo e, se necessário, mudar alguma coisa para melhorá-la. Como diz o ditado, liderança é a habilidade de mudar a segunda metade de uma frase dependendo da reação provocada pela primeira. Alguma vez você já ouviu algum colega dizer: "Fiz uma excelente apresentação e, mesmo assim, eles não compraram. Qual o problema deles?". Excelente, talvez, mas excelente de acordo com quem?

Seja você mesmo na apresentação. É fácil falar, mas não tão fácil fazer. Entretanto, a autoconsciência e a congruência são mais importantes do que todas as habilidades de apresentação que você possa aprender, por mais úteis que sejam. A congruência e a autoconsciência vêm do conhecimento dos seus valores e do seu propósito, e falaremos a esse respeito, com detalhes, na seção sobre autogerenciamento (ver p. 135).

Na verdade, as habilidades de apresentação são muito simples. Há algumas coisas que devem ser feitas e outras que devem ser evitadas.

Iniciando a apresentação

Os primeiros segundos de uma apresentação determinam as expectativas da platéia. Pense num concerto musical: algumas notas erradas na parte central não serão comentadas mas, logo no início, serão nitidamente percebidas.

O primeiro objetivo deve ser o de entrar em *rapport* com a platéia, e isso é muito simples: faça com que as pessoas compartilhem alguma experiência, como grupo. O humor funciona bem — e o torna natural. Se você for contar uma piada, tenha certeza de que é uma boa piada. Um grupo que começa rindo junto é o melhor grupo possível. Você também pode mencionar alguma experiência compartilhada — a viagem, o tempo, não importa o quê.

Segundo, estabeleça sua credibilidade. Apresente-se, diga quem o convidou para fazer a apresentação ou forneça algumas referências adequadas. Você estará lembrando a platéia (e talvez a si mesmo) de que é um convidado.

Terceiro, estabeleça um clima de aceitação desde o início. Você pode fazer isso com observações bastante comuns ou com perguntas retóricas. "Estamos todos aqui, não estamos?" "O projetor está ligado na tomada, não está?" "Podemos abrir uma janela — está um pouco abafado aqui, não está?" Não subestime o poder do óbvio. É por isso que *é* óbvio, porque é poderoso.

Quarto, mostre como você planejou a apresentação desde o início. Há muita verdade no ditado: "Diga-lhes o que você tem a dizer. Diga-lhes. E depois, então, diga-lhes o que você acabou de dizer".

Que este seja o seu lema: Breve e rápido. Perdem-se mais vendas pelo excesso do que pela falta. Quanto mais itens você apresentar, mais haverá sobre o que discutir. De qualquer modo, poucas pessoas se *lembram* de mais do que cinco itens de uma apresentação. Escolha antecipadamente quais os cinco que você deseja que elas se lembrem. As pessoas se lembram melhor do que foi dito nos primeiros e nos últimos minutos, portanto é aí que você deve apresentar os itens mais importantes.

Misture as palavras sensoriais que você usa: use igualmente predicados cinestésicos, auditivos e visuais para atrair a atenção de todas as pessoas presentes. Mostre a elas visualmente, com diagramas, quadros e *slides*, fale claramente e torne a experiência real para elas.

Use também associações para enfatizar os pontos importantes da sua apresentação. Faça o mesmo gesto sempre que falar sobre o mesmo ponto importante. Isso enfatiza o ponto de modo não-verbal.

Preste atenção à platéia

Tenha algumas anotações da apresentação e, se necessário, consulte-as; do contrário, permaneça em contato com sua platéia. Você saberá os pontos que são bem-recebidos e os que não são, observando e ouvindo sua platéia. Você não pode fazer isso se estiver olhando para baixo, lendo.

Ao observar uma reação positiva, enfatize o ponto. Quando observar uma reação negativa, passe para outro. Quando notar sobrancelhas franzidas ou expressões irônicas, repita de maneira diferente ou explique detalhadamente. *O importante não é tanto o que você diz, mas a reação da platéia àquilo que você diz.* Pense nela e em conseguir a reação que você deseja.

Contato visual

O contato visual é uma expressão natural do seu interesse. Quanto mais você se mostrar interessado em sua platéia, mais ela ficará interessada no que você tem a dizer.

Faça contato visual com todas as pessoas presentes antes de iniciar a apresentação e, enquanto fala, continue a fazer contato visual com diferentes pessoas. Percorra com os olhos a figura de um número oito pela sala.

O contato visual durante cerca de cinco segundos funciona melhor. Resista à tentação de desviar os olhos imediatamente após fazer contato. Um olhar prolongado também não dá muito certo.

Postura

A postura é uma afirmação fundamental sobre quem você é e, como já vimos, ela afeta fortemente nossa maneira de pensar. Se você estiver em pé fazendo a apresentação, fique ereto ou sente-se confortavelmente com as costas retas. Evite movimentos de balanço que distraem a atenção.

Para encontrar sua melhor postura básica em pé, fique de costas para uma parede. Encoste na parede a parte posterior da cabeça, as nádegas e o máximo que puder da parte inferior das costas, sentindo-se confortável. Verifique com seus amigos e no espelho se, na verdade, o que você acha correto não é uma postura inclinada para a direita ou para a esquerda. Algumas vezes, nos acostumamos a posturas que parecem corretas, embora, quando vistas do lado de fora, sejam desequilibradas.

Seja espontâneo!

Impossível, infelizmente. No momento em que você *quer* ser espontâneo, não consegue. E, no entanto, as boas apresentações têm a qualidade da espontaneidade e da facilidade. A resposta é parar de fazer as coisas que o impedem de ser natural. Procure gestos nervosos que devem ser eliminados — tilintar moedas no bolso, tamborilar com os dedos, balançar o peso do corpo de um lado para o outro, passar a mão no cabelo etc. Evite também gestos desnecessários. Deixe os gestos surgirem naturalmente (ou não) da apresentação que você está fazendo.

Acrescente energia e interesse à apresentação com a sua voz. Um bom material afundará como chumbo se for apresentado num tom de voz monótono, portanto torne sua voz expressiva. O ritmo normal de fala é de cerca de 150 palavras por minuto. Se você falar consideravelmente mais devagar do que isso, poderá diminuir os seus níveis de energia e os da platéia. Para muitas pessoas, a velocidade da fala equivale a entusiasmo e energia. Contudo, se elas estiverem tomando notas, diminua o ritmo até que você perceba que elas estão confortáveis.

Você não precisa falar 150 palavras por minuto *o tempo todo*. Use as pausas como uma pontuação natural para aquilo que diz. Isso proporciona, a você e à platéia, uma chance de organizar os pensamentos.

A maneira de respirar afeta sua voz e toda sua fisiologia; inspire profundamente e lembre-se de expirar! A respiração nervosa é rápida e superficial; ela tira a força da sua voz e aumenta o nervosismo pelo aumento de dióxido de carbono no sangue.

Se o seu trabalho envolve muitas apresentações importantes, pratique num gravador e ouça sua voz. Nunca ouvimos nossa voz como os outros a ouvem porque ela ressoa nos ossos do crânio. Então, pergunte-se se essa voz que você ouve no gravador é aquela que deseja que a platéia ouça?

O que evitar

- *Uso excessivo da voz passiva.*
  A voz passiva é reativa. Por exemplo, "A apresentação foi feita por mim". A voz ativa é proativa, por exemplo: "Eu fiz a apresentação". As coisas são tornadas sérias pela voz passiva, não são?
- *Divagar.*
  Frases como "É porque... que..." são difíceis de acompanhar.
  Também é difícil acompanhar frases longas. Após cerca de 15 palavras em uma frase, as pessoas tendem a perder a continuidade.
- *Huns e ahs.*
  Você pode ter uma frase ou palavra nervosa pessoal. "Hummmm... ah... Você sabe o que eu quero dizer... OK...? (Sniff.) Er..." Elimine esses vícios, começando pelo mais freqüente.
- *Clichês e jargões em uso.*
  No final do dia, muita conversa pode alienar as pessoas comuns. Se você insistir, a maioria silenciosa ouvirá aquilo que você está tentando esconder. Se usar termos novos, tenha certeza de empregá-los por uma razão específica e não apenas para impressionar ou soar como os outros. Tentar assemelhar as palavras dessa maneira pode ter o resultado oposto àquele que você procura.

Perguntas

Com certeza, as pessoas presentes na apresentação farão perguntas. Isso é bom e pode lembrá-lo de um ponto importante, ou você pode usar a pergunta para mencionar uma outra característica do produto enquanto responde. Nunca tenha medo de dizer que não sabe (mas descobrirá). As perguntas difíceis só precisam ser difíceis uma única vez.

Seja o que for que aconteça durante a apresentação, aprenda. Se você foi bem, dê parabéns para você e pergunte: "Como eu poderia ter feito melhor?". Se as coisas não saíram como planejado, pergunte: "O que preciso fazer diferente na próxima vez para ter a certeza de que isso não acontecerá novamente?".

Permita-se cometer erros; os melhores em qualquer área cometem — mas apenas uma vez.

Negociação

Talvez você precise negociar numa apresentação. Negociação não é confronto, é atingir um objetivo comum: vitória-vitória. É o processo de obter o que você deseja dos outros, dando-lhes aquilo que eles desejam. Na negociação, as diferenças são reveladas onde são muito menos perigosas. A solução compartilhada deve funcionar na prática. Qualquer ponto que seja muito frágil para resistir a uma discussão antes da assinatura do contrato, com certeza, causará problemas posteriormente. Quanto mais claro você for na negociação, mais se protegerá e criará confiança.

Estabeleça seus limites antes de começar. A primeira regra da negociação é não negociar consigo mesmo na frente dos outros. Seja claro a respeito do que pode oferecer e daquilo que deseja em troca. Verifique que concessões terão maior impacto sobre o cliente. Não será o preço necessariamente. Deixe que os critérios de decisão do cliente o orientem. Não comece muito baixo ou você não terá mais nenhum outro lugar para ir. Se gastar todas suas concessões de uma só vez, ficará sem nada, especialmente se um concorrente igualar a sua concessão. Comece próximo do topo da sua escala e faça concessões por meio de pequenos acréscimos, cada vez mais devagar e com mais relutância.

Use perguntas. Elas lhe darão tempo para pensar e são uma boa alternativa para divergências. Use a recapitulação (ver p.85) e, enquanto continua, verifique a concordância. Se os mal-entendidos persistirem, um cliente zangado pode acabar se sentindo enganado.

Separe compreensão de concordância. Você pode mostrar, pela recapitulação, que compreende a posição do cliente sem concordar com ela. Quando o cliente apresentar uma proposta, não apresente uma contraproposta imediatamente, pois esse é o momento em que ele está menos interessado na sua oferta. Primeiro discuta a proposta dele. Faça perguntas a seu respeito e, depois disso, apresente a sua.

Negociar não é vender. É um dos aspectos das vendas, partindo das diferenças para chegar a um acordo. Sua habilidade de negociação pode fazer diferença numa venda importante.

Apresentações

Pontos-chave

• Há três aspectos numa boa apresentação:
  • um bom estado emocional;

- uma preparação cuidadosa;
- boas habilidades de apresentação.
- Saber o que você deseja obter com a apresentação.
- Usar boas habilidades de apresentação:
  - A reação da platéia àquilo que você diz é mais importante do que a sua intenção expressada.
  - Ser natural.
  - Fazer uma apresentação multissensorial.
- Não negociar a não ser que seja necessário (negociação é o processo de obter o que você deseja dos outros, dando-lhes o que eles desejam).

CAPÍTULO 10

ACORDO E SERVIÇO AO CLIENTE

Acordo

No Antigo Bazar, o acordo era o foco da venda. Tudo levava a ele. Era aproveitar ou perder tempo. No Antigo Bazar, quando você estava para fechar uma venda, formavam-se multidões imaginárias para observar, tocavam os clarins e você arriscava tudo, respirava fundo e solicitava o pedido. Eis alguns exemplos (um pouco exagerados) do Antigo Bazar:

- O Acordo Autoridade: "Vamos, COMPRE!".
- O Acordo Culpa: "Dediquei tanto tempo e esforço nisso, você tem a obrigação de comprar".
- O Acordo Hipnótico: "Você não pode deixar de sentir um impulso para COMPRAR AGORA que sabe que esse produto foi feito para você, não é?".
- O Acordo Economia: "Pense em quanto você vai economizar com essa oferta especial. Você *não* pode deixar de comprar". (E você pode responder: "Se eu não preciso do produto, posso economizar ainda mais deixando de comprar!".)
- O Acordo Guilhotina: "Só posso fazer esse preço hoje. Amanhã eles terão um aumento de 30%".
- O Acordo Confusão: "Posso ver que você é o tipo de pessoa ousada que gosta do desafio de comprar alguma coisa sobre a qual tem dúvidas".
- O Acordo Escassez: "Esse é o último que tenho. Não sei quando receberemos outro novamente".

Esses acordos manipuladores já tiveram seus dias. No Novo Bazar, o acordo é uma escolha e o resultado natural de tudo o que aconteceu antes. É uma escolha feita por você e pelo cliente. Você, que é o vendedor, quer essa pessoa como cliente? E o cliente quer você, sua empresa e seu produto? Se não houver uma resposta positiva para essa escolha, de *ambos* os elementos do processo compra/venda, o acordo não acontecerá.

Para chegar a esse ponto de escolha, você deverá ter certeza de três coisas:

- que o cliente é adequado.
- que o produto atende às suas necessidades e critérios, do ponto de vista dele.
- que a venda é proveitosa para ambos.

Timing

Quando, e se você fechar a venda, o *timing* é muito importante. O estado interno de uma pessoa, como ela se sente internamente, o que ela está pensando, manifesta-se no comportamento externo ou visível. É assim que sabemos quando alguém está se sentindo internamente diferente, porque seu comportamento externo — postura, aparência, movimentos, maneirismos — muda. É o reconhecimento dessas mudanças no comportamento externo que nos estimula a perguntar: "Qual é o problema?", porque queremos saber o que mudou em seu estado interno para criar essa mudança. Essa mudança pode ser um sinal de que a pessoa precisa da nossa ajuda ou apoio, ou de que ela está se sentindo realmente bem.

Pode ser fácil ler o comportamento externo de amigos e parentes, e saber que estado interno ele representa porque os conhecemos bem. Com pessoas que não conhecemos bem, mesmo que as tenhamos encontrado algumas vezes, nossa habilidade natural, inconsciente, para absorver e compreender os sinais não será tão refinada.

No Antigo Bazar o comportamento externo era generalizado e aplicável a todos. No Novo Bazar, dizemos que todas as pessoas são diferentes. Você precisa ler o comportamento não-verbal, externo do indivíduo, para ter certeza de que está percebendo seu estado interno. Isso é *calibrar*. Você precisa conversar com o cliente sobre alguma coisa que ele considera agradável, para ler ou calibrar suas mensagens não-verbais que acompanham as boas sensações. E, ainda, conversar com o cliente sobre incertezas do passado para poder ler ou calibrar todos os sinais que acompanham a incerteza. Faça as duas coisas logo no início da entrevista, como parte da conversa. Tire um instantâneo mental dos dois estados. Somente compreendendo as pessoas dessa maneira, você será capaz de saber qual o momento adequado, para você e para o cliente, para fechar o acordo. Não faça isso quando calibrar incertezas.

Um acordo bem calculado é sempre bem-sucedido.

Se houver muitas objeções, você saberá que seu acordo foi prematuro.

É muito simples fechar a venda. Você precisa solicitar o pedido. Não introduza novas informações, pois isso apenas confundirá o cliente. Recapitule a conversa, ligando o produto à necessidade e aos critérios. Depois disso, cale-se e espere. Você poderá saber qual a resposta do cliente lendo seu comportamento externo.

A forma de solicitar o pedido também é importante — não tanto as palavras que você usa quanto a maneira como as utiliza. Suas palavras devem comunicar que você tem certeza de que sua proposta é adequada para o cliente e, mais importante, suas mensagens não-verbais devem transmitir a mesma coisa. Uma vez que a maior parte de nossa comunicação é não-verbal, se houver um conflito entre nossas mensagens verbais e não-verbais, uma incongruência, a mensagem não-verbal será registrada como verdadeira. Se você parecer hesitante ao perguntar: "Então, podemos continuar?", despertará dúvidas na mente do cliente. Para evitar essa incongruência, você deve fazer duas coisas:

- Estar absolutamente certo de que sua proposta é adequada ao cliente e de ter criado uma relação vitória-vitória;
- Saber que vender é o ato de dar e não de tirar.

Quando o produto satisfaz as necessidades e critérios do cliente, você não precisará de nenhuma técnica especial para fechar o acordo.

Lidando com perguntas e objeções

As perguntas e objeções podem ajudá-lo a esclarecer a necessidade do cliente. Elas apontam, direta ou indiretamente, para os critérios do cliente. Durante uma reunião ou uma série de reuniões, os clientes provavelmente farão perguntas e levantarão questões ou objeções. No início, isso poderá desviá-lo do seu curso. Você pode se sentir como um marinheiro que está avançando bem e, de repente, é atingido por um vento forte. Você tem uma escolha: enfrenta o vento e finge que ele não está lá ou tenta aproveitar a força que ele pode lhe dar. A sua escolha será influenciada pela sua interpretação da intenção do cliente. Se você decidir acreditar que a pergunta, questão ou objeção foi introduzida na conversa para causar problemas ou impedir avanços, então é provável que você resista. Se você interpretar a intenção do cliente como sendo positiva, com o objetivo de obter mais informação, maior compreensão e esclarecimento, então você aproveitará o vento e avançará com maior rapidez em direção ao seu destino.

Perguntas

Responda às perguntas do cliente até onde for capaz, a não ser quando:

- a pergunta for técnica. Embora você possa ter uma resposta, geralmente é melhor consultar a equipe técnica. Perguntas específicas sobre características e sobre o seu funcionamento encaixam-se nessa categoria;
- o cliente já sabe a resposta. Por que ele está perguntando? Não é para descobrir a resposta a essa pergunta. Fique longe dos jogos de adivinhação;
- você não pode se comprometer, nem a sua empresa, com aquilo que o cliente deseja. Em vez de responder, negocie;
- você não sabe. Então diga. Ofereça-se para descobrir e responda mais tarde.

Uma objeção é sempre válida para o cliente. Para refutá-la, ela deve ser considerada a partir do ponto de vista dele. Se ele fizer uma objeção, transforme-a numa pergunta. Diga algo como: "Compreendo que você esteja preocupado com...[recapitule o que ele disse]. Há alguma pergunta específica sobre esse aspecto...?".

É como o vendedor de máquinas automáticas que achava ter definido totalmente a necessidade e os critérios de um cliente, satisfazendo-os completamente para, no último momento, ser atingido pela afirmação: "Realizamos uma pesquisa. O pessoal não quer beber a porcaria que sai dessas máquinas". Todos os benefícios, como higiene, economia e eficiência foram subitamente eliminados.

Mantendo seu estado e o *rapport*, mas apenas o suficiente, vendo a sua comissão conseguida com esforço sair voando pela janela, o vendedor quis saber que pergunta o cliente realmente desejava fazer. Após muito apoio e encorajamento, ele lhe disse: "O que acontecerá se a qualidade das bebidas se deteriorar e o pessoal se queixar? Se isso acontecer, o que a administração pensará da minha decisão?". Tendo chegado a esse ponto, só faltava a garantia de um controle de qualidade para restabelecer a venda.

As objeções e questões geralmente estão limitadas a uma das seguintes mensagens:

- *Eu preciso de mais tempo para tomar uma decisão.*
  Dê esse tempo e marque um outro encontro ou contato para verificar o progresso. Nunca deixe a situação indefinida. Um gerente pode querer avaliar todas as ofertas que recebeu para depois tomar uma decisão. Podem existir outros critérios que ainda não foram atendidos. Observe o cliente e pergunte: "O que você ainda precisa saber?" ou "Em que área você ainda está com dúvidas?".
  Geralmente, outra pessoa estará envolvida na decisão. Se for adequado, pergunte se você também pode participar. Você é o melhor advogado do seu produto. Um cliente pode simplesmente precisar dos diversos pontos de vista de pessoas neutras, antes de chegar a uma decisão e, nesse caso, facilite as coisas para ele. Ele também pode querer os nomes de antigos clientes com quem possa conversar.

- *Obrigado. Eu quero comparar preços.*
  Diga: "Naturalmente, está absolutamente certo verificar o mercado antes de se comprometer. Há quaisquer perguntas que eu possa responder agora?".
  Você também poderia perguntar: "Com quem mais você vai falar?", ou: "Quem mais você vai ver?".

- *Não gosto de algumas partes do produto.*
Pergunte: "Que partes exatamente não o satisfazem?". Seria uma pena que uma decisão do tipo tudo ou nada (comprar ou não comprar) dependesse de uma parte que poderia ser modificada ou negociada.

- *Dinheiro.*
Aqui, há duas objeções possíveis:

É muito barato.
Isso pode significar que o cliente não confia em você e está dizendo: "Onde está a armadilha?" Na mente dele, preço baixo significa má qualidade. Essa é uma questão de credibilidade. Você precisa mostrar ao cliente que independentemente do preço, seu produto satisfaz seus critérios. Se o seu preço for significativamente inferior ao preço geral do mercado, paradoxalmente, isso pode ser uma desvantagem. Você precisa explicar por que ele é tão baixo.

É muito caro.
Talvez não haja verbas. Pergunte: "Se encontrarmos uma maneira satisfatória de lidar com o preço, você comprará?". Se o cliente disser: "Sim", então negocie o preço. Tome cuidado para não criar uma situação derrota-vitória, reduzindo o preço apenas para fazer a venda. Geralmente, isso não é prático e, mais tarde, o cliente sai perdendo. Sempre diga aos compradores que estão obtendo um acordo especial, quando estiver preparado para oferecer um. Deixe bem claro que esse acordo é específico àquela venda e que não há condições ou restrições. O cliente não deseja comprar um débito junto com o produto.
Se você perguntar: "Se pudermos encontrar uma forma de lidar com a questão do preço, você comprará?" e o cliente disser: "Não" ou hesitar, então existem outras objeções ou a questão do preço não é negociável.

Em geral, se puder evitar, é melhor não negociar o preço. Com freqüência, o preço justo esconde-se por trás da objeção. Se o dinheiro fosse ilimitado, compraríamos tudo e qualquer coisa que desejássemos. Infelizmente, não é. O dinheiro representa escassez e escolha. Gastar dinheiro em uma coisa significa que não podemos ter uma outra coisa. O dinheiro é uma medida de valor. Nós decidimos onde gastar dinheiro baseados em nossa hierarquia de valores.

Os clientes, normalmente, pagarão mais por um valor extra, por um desses três itens:
- Reputação
- Confiabilidade
- Relacionamento

Há duas outras maneiras de lidar com as objeções ao preço. Ambas envolvem uma análise de custos.

A primeira é uma comparação da economia. Considerando a necessidade do cliente, o seu produto é a maneira mais econômica de satisfazê-la. Esse argumento depende do elemento afastamento da necessidade do cliente. Ele *precisa* fazer alguma coisa, a única pergunta é: o quê?

A segunda é uma análise do custo-benefício. Você mostra que os benefícios visíveis de ter o produto são maiores do que o custo. Esse aspecto baseia-se no elemento aproximação da necessidade — o benefício futuro.

Se você acredita que há um bloqueio não expresso e não sabe bem qual é a verdadeira objeção, há uma série de perguntas que ajudam a revelar objeções. A mais generalizada é:

"Há mais alguma coisa que o impeça de tomar uma decisão hoje?"

Nos casos em que o cliente simplesmente parece incerto, talvez você precise procurar a objeção específica para ajudar a esclarecê-la. Perguntas úteis:

"Você está satisfeito com o custo e as opções de financiamento?"
"Você está satisfeito com a garantia e o serviço?"
"Há alguma coisa que ainda não tenha sido totalmente explicada?"
"Esse é o preço/*timing*/tamanho certo...?"
"Qual sua principal preocupação?"

Ao lidar com objeções, você pode descobrir outras que ainda precisam da sua atenção, usando o que é chamado de *acordo condicional*. A forma geral do acordo condicional é: *"Se isso e isso acontecesse, então você compraria?"*.

Pergunte: "Se esse problema fosse resolvido satisfatoriamente, haveria alguma outra coisa a ser verificada?".

Essa é uma pergunta poderosa, portanto tome cuidado — se for feita constantemente, pode ser interpretada como insistência da sua parte.

Há um interessante padrão de comportamento que você provavelmente já observou, chamado de *resposta de polaridade* ou Advogado do Diabo. As pessoas que utilizam esse padrão de comportamento encontrarão algum ponto para discordar, seja o que for que você diga. A frase favorita delas é "Sim, mas...". Isso pode ser irritante e, na verdade, elas estão procurando pela exceção. Elas são viciadas em procurar diferenças. É fácil lidar com essas pessoas porque elas são muito constantes. Simplesmente, fale no negativo. Em lugar de dizer: "Você gostará disso", diga: "Não tenho certeza se você gostará disso". Não diga: "Isso irá lhe interessar?", diga: "Talvez isso não lhe interesse". Para os leitores que usam a polaridade, esse parágrafo pode não ser exatamente aquilo que estavam procurando...

Lidando com críticas, raiva e insultos

Algumas vezes, as objeções do cliente significam: "Vá embora", porém, indiretamente. Em ordem de importância, ao receber críticas você precisa:

- manter um estado de recursos;
- responder e fazer alguma coisa caso o cliente tenha uma queixa legítima;
- extrair qualquer aprendizagem útil para você e para sua empresa.

Permanecendo com recursos

O primeiro princípio ao lidar com insultos ou raiva é considerá-los objetivamente. É difícil lidar diretamente com a raiva e a crítica. Em vez disso, imagine que você esteja saindo de si mesmo e recebendo a crítica. Afastando-se de si mesmo você poderá pensar claramente e interromper quaisquer sentimentos ruins. Não há mais ninguém "em casa". Isso é chamado de *dissociação*. A partir dessa posição dissociada você pode avaliar a crítica objetivamente.

Uma outra forma de se proteger é imaginar uma tela de plástico transparente entre você e a outra pessoa. Observe as palavras ásperas ricocheteando na tela.

Dessa posição segura, separe a informação que o cliente zangado está lhe dando da maneira como ele a está dando. Agora, você pode decidir o que fazer:
- você poderia desejar concordar com ele (com o que ele está dizendo, não como está dizendo);
- você pode querer se desculpar, em seu nome e/ou da sua empresa;
- você pode querer deixar o assunto de lado por enquanto, porque precisa obter mais informações de outra fonte;
- você pode querer dar a sua versão dos fatos ou discordar do cliente totalmente e dizer-lhe isso. Não fique exaltado. Os insultos intencionais são inaceitáveis. Vá embora ou responda espirituosamente, como preferir.

O cliente pode procurá-lo, pedir desculpas, e, assim, ambos poderão reconstruir o relacionamento (se você quiser).

Controlando a situação

Ao responder, assemelhe o volume e a intensidade do tom de voz do cliente, ligeiramente *abaixo*. Reconheça a legitimidade da sua preocupação e, aos poucos, conduza-o a um estado mais razoável. *Então,* use suas palavras para controlar a situação, da forma já explicada em "habilidades ao telefone":

1. Primeiro, reconheça o comentário. Isso acompanha o cliente.
2. Segundo, peça informações sobre aquilo que deve ser diferente.
3. Terceiro, recapitule e use o acordo condicional.

Por exemplo:

Cliente: "A entrega a semana passada atrasou e eu perdi uma tarde inteira!"

Vendedor (tom de voz acompanhando o tom de urgência)*:* "Não é de admirar que você esteja aborrecido! O que posso fazer agora para ajudá-lo?" (Reconhecimento.)

Cliente: "Não me diga que a entrega está chegando se ela não estiver!"

Vendedor: "Nós não fizemos isso deliberadamente, posso garantir. Primeiro, vou verificar o que aconteceu. O que podemos fazer para garantir que isso não acontecerá novamente?"(Pedindo informações.)

Cliente: "Telefone quando o produto sair do depósito!"

Vendedor: "Se eu lhe disser o que aconteceu e verificar se é possível telefonar quando sair a próxima remessa, isso seria suficiente?" (Acordo condicional.)

A principal qualidade dessa abordagem é que você não concorda com nada; você descobre o que precisa acontecer para que o cliente fique satisfeito. Você pode ou não ser capaz de atender totalmente às suas exigências, mas a situação imediata está controlada.

Serviço ao cliente

O serviço ao cliente é uma área ampla, e aqui falaremos rapidamente a esse respeito. Quase todas as empresas reconhecem o valor do serviço ao cliente, embora muitas delas ainda não ajam de acordo com as próprias expectativas. "Os Cuidados com o Cliente" e "O Cliente em Primeiro Lugar" são filosofias amplamente oferecidas, mas raramente utilizadas.

Quando o negócio foi fechado, é mais eficaz considerar como o início da sua próxima venda do que como o final da venda atual. Então, será como uma porta se abrindo, em lugar de uma se fechando. Marque outra reunião para discutir necessidades futuras. Se houver um contrato a ser assinado, faça duas cópias para ambos assinarem. Isso lhes dará igualdade. Finalmente, no dia seguinte, mande uma carta pessoal de agradecimento ao cliente e não peça a uma secretária para assiná-la em seu nome.

O planejamento de longo prazo é a capacidade de projetar decisões do presente no futuro. Descreva o seu procedimento para a entrega ou implementação da compra e como a sua empresa lidaria com quaisquer problemas. Certifique-se de que o cliente tenha um contato e saiba o que fazer se surgir algum problema. Um relacionamento de longo prazo com um cliente baseia-se na confiança e não na suposição de que alguma coisa possa dar errado. Quando algo não der certo, você pode consertar. O relacionamento de longo prazo é mais importante do que qualquer problema de curto prazo.

Pergunte ao cliente quais são seus critérios para solucionar um problema. Caso surja algum, que tipo de resposta seria satisfatória? Planeje agora, enquanto o relacionamento é bom e vocês estão juntos. "Eles viveram felizes para sempre" só acontece nos contos de fadas.

Muitas empresas não permitem que seus vendedores se envolvam em qualquer aspecto de implementação ou acompanhamento de um pedido. Elas querem os seus vendedores lá fora, vendendo. A intenção por trás dessa abordagem é compreensível. Os vendedores custam caro. Pessoas que representam menos custos para a empresa podem lidar com o cliente depois da assinatura do pedido.

Entretanto, esse tipo de raciocínio ignora o impacto da satisfação do cliente em negócios futuros. Basta um aspecto da entrega ou da utilização não dar certo para aquele cliente deixar de ser uma fonte de referências positivas e tornar-se um portador de más notícias. E alguns clientes precisam da constante reafirmação de que tomaram a decisão certa. Portanto, é importante manter contato com os clientes. Um telefonema bastará. Se e quando alguma coisa sair errada, você desejará dedicar sua atenção ao cliente e solucionar o problema. Não ignore os 98% das vezes em que as coisas dão certo. Imagine que um novo comprador está examinando um arquivo do seu relacionamento com o cliente. Escreva uma carta quando tudo estiver bem, dizendo como você está feliz de que tudo esteja bem e oferecendo sua ajuda quando necessário. Mantenha um forte relacionamento com as empresas-clientes.

Parte da criação do relacionamento não é apenas proteger e manter o cliente, mas também desenvolvê-lo. Diversas pesquisas indicam que muitos clientes são perdidos para vendedores ativos de empresas concorrentes, a não ser que você desenvolva o relacionamento. Um bom cliente é também um excelente ponto de referência. O seu relacionamento nunca é estático. Se não estiver se desenvolvendo, então está declinando. Deitar nos louros não é suficiente. A pergunta a ser feita ao cliente é: "O que *mais* posso fazer para atendê-lo?"

Ao verificar seu pessoal de apoio, não se comporte como um policial desconfiado. Se você desconfia de falhas, provavelmente é isso que vai encontrar. Quando pedir relatórios do progresso, não peça apenas as más notícias. "Se alguma coisa sair errada, me informem." Em vez disso diga: "Contem-me quando tudo estiver bem e funcionando".

Há duas regras simples para garantir um bom serviço ao cliente:

- Tratar o cliente da maneira como você gostaria de ser tratado para continuar a utilizar um fornecedor. (Coloque-se na posição do cliente — Segunda posição.)
- Fazer aquilo que você diz que vai fazer. A credibilidade é muito valorizada porque, infelizmente, está em falta.

Faça isso continuamente e construirá uma boa reputação. Essa reputação não tem preço. Ela gera clientes, referências e lhe dá uma vantagem sobre seus concorrentes.

Acordo e serviço ao cliente

Pontos-chave

ACORDO
- O acordo é uma escolha, não uma exigência.
- Calibrar o cliente e ler os sinais não-verbais para saber quando fechar o acordo.
- Fechar o acordo de maneira congruente.
- Lidando com objeções:
    As objeções são sempre válidas — transforme-as em perguntas específicas.
    Revelar objeções e usar o acordo condicional.
    Lidar com objeções ao preço através de:
    - valor extra;
    - comparação da economia;
    - análise custo-benefício.
- Lidando com críticas:
    Manter um estado de recursos. Dissociar e avaliar a crítica.
    Agir se o cliente tiver uma queixa legítima.
    Extrair qualquer aprendizagem útil para você e sua empresa.
    Controlar a situação acompanhando e conduzindo o tom de voz:
    - reconhecer a preocupação;
    - buscar informações;
    - recapitulação e acordo condicional.

SERVIÇO AO CLIENTE
- Uma venda fechada é o início da fase seguinte — o cuidado com o cliente.
- Assumir a segunda posição pensando em você como se fosse o cliente.
- Fazer aquilo que você diz que vai fazer.

CUIDANDO DE SI MESMO

CAPÍTULO 11

CONGRUÊNCIA

A primeira parte deste livro redefine a atitude cultural relacionada às vendas e como ela afeta vendedores e clientes. A segunda parte abrange as habilidades de um vendedor bem-sucedido no Novo Bazar. Esta terceira parte é sobre descobrir sua autoconsciência e cuidar de si mesmo. Nesta seção, você é o cliente e a venda é o produto. Ele serve para você?

Não temos nenhum motivo para desejar que você "compre" a venda. Simplesmente, queremos verificar se vender é ou não a solução para sua necessidade. Esta seção é sobre você — o que você deseja, o que é importante para você, como você trabalha e como o seu trabalho se encaixa na sua vida e na sua identidade. Por que abrangemos essas áreas? Certamente, todos precisam trabalhar, portanto apenas continuam trabalhando. Não. Nós abrangemos o autogerenciamento porque, independentemente do trabalho que você faz, sua autoconsciência e sua felicidade pessoal vêm em primeiro lugar. Se você não mantém um bom relacionamento consigo mesmo e com o seu trabalho, nenhum treinamento de habilidades irá compensar.

Desejamos apoiá-lo naquilo que você deseja fazer. Entretanto, este livro pode reforçar o pensamento de que as vendas não lhe servem. Tudo bem. Você não pode ser considerado um fracasso em alguma coisa que não quer fazer. Este livro foi escrito para permitir que você seja tão bom quanto deseja. Os seus valores pessoais determinam o seu nível de desempenho. Do contrário, você está arriscado a tratar a si mesmo como um cliente que é manipulado para comprar alguma coisa, não por necessidade própria, mas pela necessidade e valores dos outros.

Há uma história mítica sobre um homem chamado Procusto. Procusto tinha uma casa por onde passavam muitos viajantes. Ele era muito hospitaleiro e tinha um quarto de hóspedes com uma cama enorme e extremamente confortável. Os viajantes eram convidados a passar a noite e dormir na cama. Como você deve ter imaginado, havia um preço a ser pago. Um viajante que fosse muito pequeno para a cama, era esticado até ficar suficientemente alto. Se fosse muito grande, Procusto cortava-lhe os pés para ter a certeza de que ele caberia na cama. Um preço muito alto por um lugar para ficar.

Cuidando de si mesmo

Durante um recrutamento, muitos gerentes de vendas procuram vendedores que estejam em dificuldades financeiras, acreditando que farão qualquer coisa por uma oportunidade. Eles consideram as dívidas e a ameaça que elas representam como uma motivação que os isentará, os gerentes, da responsabilidade de administrar o desempenho dos vendedores. "O que nós realmente desejamos são pessoas famintas" é um desejo freqüentemente expresso, e, se elas estiverem famintas de alimento bem como de sucesso, melhor ainda. Outros gerentes procuram pessoas que se esforçarão para ser as melhores, independentemente dos sacrifícios exigidos. Saúde, família, amigos, *hobbies* e tranqüilidade são considerados oferendas aceitáveis para o deus da vitória. Quando um excelente vendedor vai embora, você sempre pode procurar outro.

Como vendedores, precisamos estar conscientes de que no mundo dos negócios a maioria das empresas valoriza mais os nossos resultados do que nós mesmos. A frase "Você só é tão bom quanto os números do último mês" ecoa na maioria dos escritórios de vendas. Em vendas, "mais" geralmente significa "melhor". Maior volume significa mais sucesso. Mas você é livre para definir — ou redefinir — o que ser um sucesso significa para você. Ao estabelecer limites naquilo que estamos preparados para pagar pelo que recebemos, não estamos enganando a empresa que nos paga. Estamos simplesmente estabelecendo um equilíbrio que nos permitirá um nível de desempenho efetivo e eficiente durante um longo período de tempo, sem perdermos nossa saúde e felicidade durante o processo.

Antes de prosseguir, tente essa experiência. Sem pensar muito, complete a frase seguinte:

Vender é como....

A resposta o surpreendeu? Se vender é como isso, em que isso o torna? Outra pergunta. Novamente, responda a primeira coisa que lhe vier à mente.

Eu gostaria que vender fosse como...
Então eu seria...

Congruência

Congruência é o estado de alinhamento no qual você acredita naquilo que está fazendo, e sua mente e seu corpo estão trabalhando juntos em direção ao seu objetivo. A congruência pessoal e a autoconsciência são o resultado do fato de você saber o que deseja e o que é importante para você. A congruência é a sua maior qualidade como vendedor. Os clientes percebem isso e comprarão parte dela, ao comprarem de você.

Você mostra o quanto é congruente por meio de sua linguagem corporal. Por sua vez, sua linguagem corporal afeta os pensamentos e sentimentos que formam seu estado interno.

Por exemplo, pede-se a uma pessoa para falar a um grupo. Se a mensagem na sua mente e no seu coração for negativa — "Eu não quero fazer isso, o grupo parece hostil, se eu me atrapalhar não conseguirei o negócio, se eu não conseguir o negócio posso perder meu emprego etc." —, esses sentimentos negativos podem provocar um estado externo de ombros caídos, joelhos frouxos, olhares furtivos, voz hesitante etc. Então, essa fisiologia negativa devolve a mensagem para o estado interno, reforçando-o. Esse estado interno negativo reforçado devolve uma mensagem ainda pior, e assim por diante. Quanto mais você esperar para falar, pior. Igualmente, se você estiver apresentando um produto que considera muito caro, de má qualidade ou que não satisfaz a necessidade do cliente, suas dúvidas e sentimentos negativos influenciarão seu comportamento externo. A sua fisiologia pode encolher, você pode achar difícil manter contato visual, a qualidade da sua voz pode mudar — seja qual for sua resposta natural, ela acontecerá.

Todos nós podemos ler essas mensagens externas. Não precisamos ser treinados em linguagem corporal para saber que alguma coisa não está certa. Apenas sabemos quando alguma coisa não se encaixa, e essa percepção provoca cautela no comprador e encoraja os clientes a buscarem uma segunda opinião.

A congruência é a força de vendas mais poderosa que você tem e, paradoxalmente, você não pode simulá-la. Ela surge naturalmente, ou não, dos seus pensamentos, sentimentos e comportamento.

Equilíbrio de vida

A nossa profissão é uma parte importante, embora seja apenas uma parte, da nossa vida. Todos temos muitas partes em nossa vida e agimos de maneira diferente em cada uma delas. Se precisarmos lidar com um de nossos filhos, um parceiro, um colega, um patrão, um cliente ou um motorista zangado, acessaremos aquela nossa parte mais adequada à situação. É como se houvesse uma parte sua que gosta de trabalhar, outra que gosta de ficar com a família, uma outra que gosta de passear, outra que gosta de ficar sozinha, e assim por diante. Somos mais como uma orquestra de solistas do que uma identidade única. E todos esses solistas precisam do seu tempo e do seu espaço. As partes que são ignoradas ou limitadas encontrarão uma maneira de ganhar o tempo e o espaço de que precisam para sobreviver.

Uma maneira de fazer isso é prejudicar a atenção que outras partes estão recebendo. Nossas partes são como crianças que você ignora por sua conta e risco, pois elas têm muitas maneiras de chamar sua atenção, e, quanto mais você as ignorar, mais insistentes elas se tornarão. E elas não jogam limpo. Uma parte que gosta de ficar com a família chamará sua atenção se você canalizar todo seu tempo e energia nas obrigações profissionais. Ela pode assumir o controle da sua voz interna quando você estiver trabalhando e sussurrar: "Logo as crianças vão chamá-lo de tio." "Elas vão odiá-lo quando ficarem mais velhas." "Imagine só, esquecer um aniversário, garoto malvado."

Quando essa voz interna começar a entrar em ação, seu estado interno será prejudicado pelos sussurros de dúvidas sobre o produto, a empresa, sua vida etc. e seu comportamento externo começará a transmitir sinais não verbais negativos, os clientes se sentirão desconfortáveis, seu nível de negócios diminuirá e sua voz interna ganhará força. Contudo, muitas vezes o mau desempenho pode ser corrigido com menos trabalho e mais diversão do que com mais trabalho. Uma vida equilibrada elimina muitas das coisas que consomem energia, liberando-a.

O equilíbrio não é estático e inflexível. Quando você se equilibra sobre um muro, precisa executar uma série de pequenos ajustes no peso, o tempo todo. A melhor maneira de se desequilibrar e cair é tentar ficar rigidamente ereto e não fazer nenhum ajuste.

Como conseguir equilíbrio e congruência? É simples, mas não é fácil. Saber o que você deseja, por que deseja e como vai conseguir. Isso significa examinar seus objetivos, valores, e a maneira de se comunicar consigo próprio e com os outros.

CAPÍTULO 12

OBJETIVOS — O QUE VOCÊ DESEJA?

Essa é uma das perguntas mais fundamentais que você pode se fazer. Os objetivos claros são a chave para o gerenciamento do seu trabalho e da sua vida. Se você não sabe o que quer, fica realmente difícil conseguir. Em 1952 foi realizado um estudo de longo prazo na Universidade de Stanford, que acompanhou a vida de um grupo de estudantes. Dois por cento anotavam seus objetivos e metas e continuaram a fazê-lo. Dez por cento estabeleciam metas, mas não as anotavam. O resto não anotava nem estabelecia metas. Vinte anos mais tarde, os 2% que anotavam seus objetivos ganhavam mais dinheiro do que os outros 98% juntos. (Isso, por uma questão de conveniência, pressupõe que ganhar dinheiro seja uma forma satisfatória de avaliação.)

Os propósitos, metas ou objetivos (os três são sinônimos) são as coisas que você deseja, não aquilo que você deveria desejar ou o que você não deseja. Com freqüência, nos esforçamos para atingir objetivos apenas para descobrir que o preço para sua realização é maior do que aquele que estamos preparados para pagar. Uma crise de meia-idade, com freqüência, é o resultado da descoberta de que a escada que você esteve subindo durante anos estava encostada na parede errada.

Estabelecer objetivos é conseguir aquilo que você deseja. Não se trata de esforçar-se demais e nunca ficar satisfeito. Nem se trata do pensamento positivo irrealista, pular da cama de manhã anunciando como você é ótimo, quanto você vai ganhar e como hoje vai ser um grande dia. Daqui a uma semana, o espelho olhará de volta para você e lhe dirá: "Quem você está tentando enganar?".

Os objetivos na vida são coisas positivas para se ter, desde que proporcionem uma sensação de bem-estar e emoções positivas. Sempre questione o valor de um objetivo que, para ser alcançado, exige uma trajetória dolorosa e cansativa. Se a jornada não é tão agradável quanto o destino, verifique se o seu objetivo oculto não é o de criar insatisfação pessoal.

Como saber o que você deseja? Você decide de acordo com os seus valores e motivações. A seguir, apresentamos regras sobre o estabelecimento de objetivos que os tornam viáveis, realistas e motivadores. Essa é uma versão ampliada do processo de estabelecimento de objetivos tratados na seção sobre organização (ver pp.51-4) e é mais adequada para explorar aquilo que você deseja na sua vida pessoal. Você pode anotar suas respostas e usar esse processo em qualquer coisa que desejar, pessoal e profissional. Uma pergunta que você poderia explorar com esse processo é: "O que eu desejo da minha profissão?".

Expressar-se no afirmativo

Você não sai para fazer compras levando uma lista de coisas que não quer comprar. Um objetivo como: "Eu não quero perder esse pedido" é negativo. Pensando dessa maneira, você estará constantemente focalizado na perda do pedido. Um equilibrista não pensa "Eu não posso *cair*", senão adivinhe o que vai acontecer? Para não pensar em alguma coisa você precisa pensar nela para saber em que não deve pensar...

Modifique os objetivos negativos perguntando: *"O que eu desejo em vez disso?"*.

Assim:

"Eu não quero um emprego no qual precise trabalhar nos fins de semana" torna-se: *"Eu quero sábados e domingos livres"*.

"Eu não quero um mau relacionamento com o cliente" torna-se: *"Eu quero ter um bom* rapport *com o cliente"*.

Quando, onde e com quem?

Faça com que seu objetivo seja o mais específico possível. Pergunte-se o mesmo que você perguntaria aos clientes. Use os ajudantes de Kipling: o que, onde, quando, como e quem.

O que você quer exatamente?
Onde você quer?
Quando você quer? Você está se referindo a que estrutura temporal? Semanas, meses ou anos?

Se possível, determine uma data exata para a realização do objetivo. Tenha objetivos de curto prazo, de longo prazo, profissionais e pessoais.

Faça seu objetivo ser tão específico quanto possível, para poder realmente se imaginar alcançando-o. Quando mais exatamente puder imaginá-lo, mais criará filtros na sua mente para notar as oportunidades que se apresentam no dia-a-dia, se você estiver consciente delas. (Alguma vez você já se interessou em comprar um tipo de roupa? De repente, percebe que muitas pessoas a estão usando. Elas sempre usaram, mas você só reparou agora.)

Condições e conseqüências

Há qualquer situação na qual você não desejaria esse objetivo?

Há algumas importantes perguntas a se fazer:

Quais os resultados do seu estado atual que valem a pena ser mantidos?
Qual seu grau de conforto com o estado atual das coisas?
O que você terá de sacrificar para conseguir o que deseja? Vale a pena?

Como vendedor, você sabe que tudo tem seu preço e que ele não precisa ser expresso em dinheiro. Para começar, é preciso investir tempo:

Quanto tempo você investiria?
Quanto esforço seria necessário para atingir seu objetivo?
Quanto dinheiro?
Quem mais seria afetado e como eles se sentiriam a esse respeito?
A busca desse objetivo privará (ou terá uma influência ruim) sua família e amigos? Até que ponto seu objetivo é compatível com as esperanças e temores de outras pessoas importantes na sua vida e que o apóiam? É irrealista esperar o seu apoio se eles também não estiverem conseguindo aquilo que desejam.
Quais as outras conseqüências amplas do seu objetivo?

Muitas dessas perguntas irão se sobrepor. Sua intenção é evitar a situação difícil, tão bem expressa nos dizeres de um adesivo na janela traseira de uma Mercedes: "Trabalhei tanto para chegar onde estou... Onde eu estou?".
A intenção dessas perguntas também é verificar sua congruência. Sua orquestra interna está afinada? A situação é bem parecida com uma venda complexa para uma organização onde diversas pessoas precisam dar aprovação. Você é essa organização. Para que a venda seja concluída, os usuários devem ficar satisfeitos, o diretor-financeiro precisa assinar o pedido e a administração precisa aprovar. Tenha certeza de que nenhuma parte sua vai vetar ou sabotar seu objetivo. É melhor reformulá-lo ou negociar um compromisso. Se a parte que gosta de fazer exercício encontrar resistência da parte que gosta de comer bolo, pode ser que a redução da ingestão de bolos possa dar apoio a um programa de exercícios menos intenso.

Juntando seus recursos

Faça uma lista dos recursos que você tem e que o ajudarão. Quase sempre é um prazer fazer isso. Todos temos muitos recursos, nos quais raramente pensamos. Os recursos estão divididos em três grupos principais:

• *Qualidades pessoais*
Relacione suas habilidades e qualidades como: inteligência, perseverança, liderança e capacidade de obter *rapport*. Não limite seus pensa-

mentos a um determinado objetivo, pense nas qualidades que você mostra em outras áreas da sua vida. Uma mulher que conhecemos sabe que é brilhante para negociar com seus dois filhos quando eles brigam. No trabalho, ela acha que não tem nenhuma habilidade de negociação "profissional", embora sejam necessárias as mesmas habilidades.

• *Pessoas*

Muitas pessoas podem ajudá-lo, direta ou indiretamente. Consulte sua agenda de telefones e veja como cada pessoa poderia ser um recurso. Pense também nas pessoas como modelos. Se Jim é realmente bom para conseguir grandes contas, fique curioso e descubra como ele faz isso. Informalmente você estará fazendo aquilo que a PNL faz formalmente — descobrir como pessoas excelentes conseguem seus resultados.

• *Coisas*

Os exemplos óbvios são: dinheiro, livros, computadores e carros.

Evidência

Como você saberá que atingiu seu objetivo? Você pode passar a vida procurando uma coisa que já tem, como alguém procurando os óculos que estão na ponta do nariz. Exatamente o que você verá? O que você ouvirá? O que sentirá? Por exemplo, se o seu objetivo era conseguir vender para uma grande corporação, então sua evidência poderia ser: ver o pedido, ouvir o cliente dizer que está fazendo o pedido e sentir o aperto de mãos do acordo, seguido por um sentimento de orgulho e realização.

O que os outros verão, ouvirão e sentirão? Por exemplo, seu cliente verá sua apresentação final, ouvirá você falar do produto e solicitar o pedido. Ele se sentirá confiante e confortável fazendo o pedido com você.

Finalmente, entre todas essas coisas, qual a última evidência antes de atingir o objetivo?

Responsabilidade

Seja o que for que você tenha estabelecido, é o *seu* objetivo e você terá de agir para alcançá-lo. O resto do mundo não vai colocá-lo no seu colo. Se você não sabe o que quer, há muitas pessoas que ficarão contentes de decidir por você. Quando seu objetivo está fora do seu controle, ele é apenas uma miragem. Seja prático:

O que você precisa fazer?
O que os outros precisam fazer?

Por exemplo, seu objetivo é conseguir uma venda para a Bloggs. Seu gerente de vendas é a pessoa que decidirá quem vai tratar da venda. Você precisa começar a pensar: "O que posso fazer para influenciar o gerente a me dar essa venda?". Além de perguntar diretamente, você poderia se familiarizar com a empresa e mencionar contas semelhantes nas quais se saiu bem. Por mais que você mereça, não espere pelos outros. Seja proativo.

Você precisa elaborar um plano de ação. Parte desse plano de ação inclui a divisão do objetivo em etapas menores, exatamente como você fez com seus objetivos profissionais, como descrevemos na seção sobre organização (ver p.52). Quanto maior o objetivo, mais precisará ser dividido.

Faça a pergunta: "O que me impede de alcançar esse objetivo?". Esse é o início do processo para encontrar os obstáculos que estão no seu caminho, para que você possa estabelecer objetivos intermediários e solucioná-los. Invariavelmente, esses obstáculos são formulados no negativo. Para desenvolver seu objetivo, reformule-os no afirmativo, fazendo a pergunta: "O que eu quero *em lugar disso?*"

Por exemplo: "O que me impede de fazer exercícios?" "Eu não tenho tempo." "O que eu quero em lugar disso?" "Quero arranjar tempo para fazer exercícios."

Ao mesmo tempo, olhe na outra direção e observe como seu objetivo pode ser um segmento menor de um objetivo mais amplo. Faça a pergunta: "Quando eu tiver isso, o que isso me proporcionará?".

Por exemplo, você quer ganhar uma elevada comissão este mês, digamos, cinco mil dólares. Há um negócio em andamento. Quais são os obstáculos? Você precisa chegar a um acordo com o cliente. Para isso, talvez sejam necessários alguns telefonemas e marcar uma reunião. Os telefonemas, apesar de não serem muito motivadores, ganham força ao serem relacionados ao objetivo mais amplo — eles são passos na direção dos cinco mil dólares. Um telefonema significa um movimento para conseguir uma comissão elevada. Esse é um bom motivo para fazer o telefonema.

Verificação final

Por último, imagine que você alcançou o objetivo. Ele parece certo para *você?* Essa é a verificação final da congruência.

Agora, mentalmente, ensaie ter alcançado totalmente o objetivo, no futuro. O que você verá? O que você ouvirá? Como você se sentirá? Como sua vida será diferente? Em PNL, isso é chamado de *ponte para o futuro*. Ela torna o objetivo mais real e, algumas vezes, enquanto você ensaia mentalmente o que será diferente, pode encontrar problemas ou objetivos futuros nos quais não havia pensado.

Tanto o desapontamento quanto o sucesso exigem um planejamento antecipado. O desapontamento é o sucesso de obter aquilo que você não queria, porque você não elaborou suficientemenste bem e com antecipação o seu objetivo.

Alcançando seus objetivos: sensibilidade e flexibilidade

Quando você souber aquilo que deseja, seja sensível ao que está obtendo. Você pode saber onde quer estar, mas se não souber onde está agora, é difícil seguir em frente. As viagens nem sempre são tranqüilas. Um avião fica ligeiramente fora do curso 95% do tempo, primeiro numa direção, depois em outra. Entretanto, os instrumentos de um avião são suficientemente sensíveis para identificar quando ele está fora de curso e ajudam o piloto a fazer correções. Sem essas correções o vôo para Nova York poderia acabar em São Francisco (e só Deus sabe onde estaria a sua bagagem). Empregue nos seus objetivos o mesmo princípio de monitoração e correção.

Quando você souber para onde está indo e onde está agora, quais as escolhas sobre o que fazer? Em vendas não há respostas "certas", apenas mais respostas, mais escolhas. Use aquelas que funcionam para você. Deixe de lado as que não funcionam. Quando um cliente rejeita uma abordagem, esse é um sinal para usar outra. Se você quer ser *ineficaz*, apenas faça a mesma coisa que já não estava dando certo. Faça cada vez mais, como o estereótipo do inglês que estava em outro país. Quando as pessoas não o compreendem, ele simplesmente diz a mesma coisa mais d-e-v-a-g-a-r e MAIS ALTO.

Diferentes pontos de vista

Como já discutimos, parte de uma abordagem flexível é ser capaz de enxergar a mesma situação a partir de diferentes pontos de vista. Há o seu ponto de vista, a sua realidade, aquilo que você acredita e considera verdade, chamada de primeira posição. Então, há o ponto de vista da outra pessoa, a realidade dela, aquilo que ela acredita e considera verdade. O ponto de vista dela é tão verdadeiro para ela quanto sua realidade é para você. Quando você valoriza o ponto de vista de outra pessoa, a PNL chama isso de segunda posição. O *rapport* lhe proporciona uma percepção melhor da segunda posição.

Há três erros básicos em vendas e todos se originam da ausência da segunda posição:

1. Não levar em conta o ponto de vista do cliente.
2. Pensar que o ponto de vista do cliente é igual ao seu.
3. Enxergar o ponto de vista do cliente, mas descartá-lo como irrelevante ou errado.

Finalmente, há a visão desligada que considera ambas as partes e a maneira como elas se relacionam — a terceira posição.

Você precisa conhecer seu ponto de vista e ser congruente com ele. E você precisa ser capaz de ver o produto a partir da perspectiva do cliente e compreender sua necessidade. Você também precisa ser capaz de se afastar de si mesmo, particularmente em situações tensas, e avaliar a direção da conversa.

Para algumas pessoas, é mais fácil pular para a segunda e terceira posições, do que para outras. Se você achar difícil, pense em como você será bem-sucedido praticando essa habilidade.

Eis algumas perguntas que o ajudarão nessa mudança mental:

"Como essa pessoa me vê?"

"Se eu fosse ela, o que eu estaria pensando?"

"Se eu fosse um diretor de cinema, filmando essa cena, que tipo de filme seria?"

Para alcançar seus objetivos você precisa ser flexível e sensível à sua posição e à dos outros.

Há uma cena na peça *Um violinista no telhado* em que um juiz está presidindo uma disputa legal. A primeira parte apresentou a sua causa de maneira muito eloqüente. O juiz ficou impressionado. "Você está certo!", gritou.

"Só um minuto", disse a segunda parte, que então apresentou sua causa de maneira igualmente convincente.

"Naturalmente", disse o juiz, "você está certo!"

O escrevente da corte tossiu educadamente. "Desculpe-me, senhor", disse ele, "os dois não podem estar certos."

O juiz pensou um instante. "Não, é claro que não", ele disse. "Você está certo."

CAPÍTULO 13

VALORES — O QUE É IMPORTANTE?

Valores são as coisas importantes para nós, em nossa vida. Eles nos dão direções e confirmam nossos objetivos. Algumas vezes, é difícil tomar decisões porque, como o juiz, concordamos com os dois lados de um dilema. Congruência é agir de acordo com nossos valores. Você pode enxergar o ponto de vista do cliente e valorizar o ponto de vista da empresa mas, no final, *você* precisa decidir. Ser pressionado para ir contra seus valores e crenças é a maneira certa de perder seu estado interno. Se você não acredita na política de preços da empresa, na qualidade de seus produtos ou no valor que ele oferece, cada venda criará um conflito interno que pode afetar seu sono, sua saúde e relacionamentos, dentro e fora do trabalho.

Os objetivos tratam daquilo que você quer ter. Os valores se referem a quem você quer ser. Critérios são valores aplicados a determinado contexto. O que é importante para nós na vida familiar, provavelmente é diferente daquilo que é importante na vida profissional. Da mesma maneira como nos aproximamos de valores como liberdade e amor, nos afastaremos de estados como humilhação, culpa e rejeição. Esses são nossos valores de afastamento, as coisas que, para nós, são importantes evitar. Como acontece com os objetivos, é muito melhor nos esforçarmos para nos aproximar daquilo que desejamos do que desperdiçarmos tempo evitando aquilo que não desejamos.

Dinheiro

Geralmente, o dinheiro ocupa uma posição bastante elevada na hierarquia de valores da maioria das pessoas. Entretanto, em si mesmo, o dinheiro não tem nenhum valor. Ele é valioso como um meio para atingir um fim, como um meio de alcançar outras coisas mais importantes: conforto, segurança, felicidade, amor, saúde.

Durante alguns minutos, pense e anote respostas para essas perguntas:

• *Que salário anual faria você se sentir financeiramente seguro?*
Quanto mais elevado, maior a probabilidade de valorizar a segurança.

- *Qual a diferença entre essa quantia e seu salário básico fixo?*
  Se você trabalha na base de comissões, qual salário fixo você gostaria de receber para compensar perdas de comissões?
  Quanto mais elevado for esse salário, mais você valoriza sua capacidade para determinar seu próprio rendimento.

- *Suponha que lhe ofereçam o emprego dos seus sonhos: condições ideais de trabalho, fazer apenas o que você deseja na área profissional que mais lhe interessa. O salário é o mesmo que você recebe agora. Você pode negociar um bônus. Qual seria esse bônus?*
  (Se você já estiver no seu emprego ideal, parabéns!)

- *Suponha que uma das condições dessa oferta fosse o compromisso de trabalhar no mesmo lugar durante cinco anos. Isso modificaria o bônus que você pediu?*
  E se fossem dez anos?
  Quanto mais elevado seu bônus, nessas circunstâncias, mais você valoriza sua liberdade de movimento.

- *Suponha que lhe ofereçam o emprego dos seus pesadelos. Um trabalho que você realmente deteste. O salário será o mesmo do seu emprego atual. Que bônus extra você quer negociar para aceitar esse emprego? O que esse dinheiro traria para compensar o emprego dos seus pesadelos?*

Para algumas pessoas, milhões não são suficientes.
(Se você já estiver no emprego dos seus pesadelos, está sendo adequadamente compensado?)
Você pode usar o dinheiro como um indicador útil daquilo que você valoriza em seu trabalho, fazendo esta pergunta:

"Se eu tivesse que desistir de... no meu trabalho, quanto eu pediria a mais como compensação?"

Quanto maior a compensação, mais você valoriza esse aspecto do seu trabalho.
Portanto, o dinheiro é uma medida útil para saber quanto você valoriza outras coisas, ele não tem valor em si mesmo. Você pode criar uma hierarquia de valores, determinando a compensação monetária que você gostaria de receber para desistir de cada um dos seus valores positivos.

Hierarquia de valores

Todos os seus valores são importantes — e alguns são mais importantes do que outros. Com freqüência, é difícil tomar decisões porque os dois lados satisfazem alguns valores. Quais são os mais importantes? Sem uma maneira de classificar seus valores, você ficaria paralisado. A próxima seção mostra como descobrir o que é mais importante para você. Então, você pode alinhar seus objetivos com seus valores.

O que é mais importante para você na sua profissão? Este processo irá ajudá-lo a descobrir.

1. Pense em três experiências importantes, significativas, no seu trabalho. Por exemplo, uma promoção, a conclusão de uma grande venda ou uma reunião com determinado cliente. Elas devem ser experiências específicas e reais. Anote-as.

2. Pense na primeira experiência. O que a torna importante para você, agora? Na época, ela pode não ter parecido importante. Anote algumas frases-chave para cada experiência. Por exemplo, se a experiência foi concluir uma venda, então alguns elementos importantes podem ser a excitação, o sentimento de realização, aprovação, uma boa comissão, a comemoração e os parabéns dos seus amigos.

3. Observe cada uma dessas palavras-chave que você anotou e pergunte: O que é importante nessas coisas? Procure cada palavra e escreva algumas palavras-chave sobre cada uma delas. É provável que, agora, você tenha cerca de 12 palavras.

Como no exemplo da conclusão de uma venda, você pode agora ter valores como segurança, confiança, sucesso, auto-estima. Pegue cada uma *dessas* palavras e, novamente, amplie a lista. Por exemplo, o sucesso poderia levar ao reconhecimento, à segurança financeira e à vitória.

4. Faça isso com cada uma das três experiências originais. Isso lhe dará uma lista de 12 a 30 palavras. Anote aquelas que aparecem duas vezes, pois elas provavelmente são importantes, mas conte-as apenas uma vez.

5. Agora, considerando *todas* essas palavras-chave, das três experiências que você anotou desde o início, se você tivesse que escolher as seis mais importantes, quais seriam elas?

A maneira de descobrir isso é rever todas as suas palavras referentes a critérios e decidir. Se você tivesse que perder um, qual deles seria? Esse critério que você decidiu perder encontra-se em último lugar na sua hierarquia. Agora, dentre os critérios restantes, se você tivesse que perder mais um, qual seria? Esse é o penúltimo critério de sua hierarquia. Continue fazendo isso até ficar com apenas seis critérios.

6. Agora, fica mais difícil. Esses seis critérios finais serão os mais importantes para você com relação à sua vida profissional. Continue classificando-

os. Se tivesse que perder um desses seis, qual você escolheria? Então, dos cinco restantes, qual você perderia? Continue até classificar seus valores mais elevados por ordem de importância.

Um exemplo das palavras que poderiam restar no final seria:

1. Liberdade
2. Amor
3. Riqueza
4. Relacionamentos
5. Segurança
6. Reconhecimento

A pergunta agora é: Esses valores estão sendo atendidos?

Regras

O que precisa acontecer?

Para serem atendidos, seus valores e critérios vêm acompanhados de regras, que na PNL são chamadas de *critérios equivalentes*. Você precisa descobrir os seus, assim como precisa descobrir os dos clientes.

Imagine que você pergunte para dois vendedores: "O que precisa acontecer para você se achar uma pessoa bem-sucedida?".

O primeiro vendedor diz: "40.000 libras por ano, uma casa no campo e uma BMW".

O segundo vendedor diz: "80.000 libras por ano, parar de fumar e emagrecer até pesar 76 kg".

O sucesso é autodeterminado. Você determina as regras.

Faça essa pergunta para cada um dos seus seis valores: "O que precisa acontecer para que eu obtenha... (valor)...?". Isso lhe dará as suas regras.

As suas regras são satisfatórias, habilitadoras e realistas?

Certifique-se de que os critérios equivalentes o satisfazem. Não estamos dizendo para você ficar feliz limitando aquilo que deseja. Entretanto, verifique se suas regras o habilitam em vez de limitá-lo.

Geralmente, há três casos em que as regras não o habilitam:

1. Elas são impossíveis de satisfazer. As regras precisam ser realistas ou você está destinado ao fracasso.

2. Elas dependem de alguma coisa ou de alguém que está fora do seu controle.

Aqui, existe o perigo de cair na *estrutura de culpa*, em que a sua felicidade torna-se responsabilidade de outras pessoas, não sua. Isso dá aos outros um tremendo poder sobre você, num mundo que não é famoso por sua bondade ou justiça.

Você deve prestar atenção na frase-chave da estrutura de culpa: "*Se* tal e tal coisa acontecesse, ou tal e tal pessoa fizesse alguma coisa... *então* eu seria feliz". .

3. Elas apresentam muitas maneiras para sentir-se mal e apenas algumas para sentir-se bem. É como um cliente que decidiu que só um Pantone 601, azul, entregue no dia seguinte, poderia possivelmente satisfazer sua necessidade. Quando suas regras são extremamente específicas, é difícil atendê-las. Utilize sua habilidade em vendas nos seus valores, da mesma maneira que a utiliza na necessidade de um cliente. Essas regras são apenas uma maneira de satisfazer o valor. Que outras maneiras existem?

Benefícios e valores

Se a venda é uma transação vitória-vitória, o que você ganha? Separe os benefícios de determinada venda dos benefícios do trabalho. Uma determinada venda lhe dará uma comissão, um sentimento de auto-estima, sucesso e aprovação. Trabalhar em vendas tem muitos benefícios:

- Você pode usar suas habilidades em diferentes tipos de produto para ter a liberdade de entrar em diferentes áreas do mercado.
- Você controla seu rendimento, muito mais do que em muitos empregos.
- Você ajuda as pessoas a obter o que elas desejam.
- Você conhece muitas pessoas diferentes.

Uma pergunta final. Estamos discutindo vendas quase como se elas fossem uma coisa, mas elas são uma atividade, alguma coisa que você faz. Quando você pensa em vendas, você pensa nelas simplesmente como alguma coisa que faz ou diz: "Eu sou um vendedor?". Quando você diz isso, as vendas são parte da sua identidade como pessoa.

Até onde seus valores estão sendo atendidos? Se você estiver trabalhando para uma empresa na qual as práticas comerciais estão alinhadas aos seus padrões e valores, ou você tem sorte, é muito esperto na escolha de um empregador ou é dono da empresa. É improvável que todos eles estejam sendo atendidos. Assim como o cliente, você pode trocar um pelo outro. Entretanto, se nenhum dos valores estiver sendo bem-atendido, então você poderia considerar a idéia de procurar um outro produto.

Com freqüência, as mensagens sobre os valores da empresa podem ser confusas. Por exemplo, muitos vendedores de seguros estão sendo pressionados a melhorar a qualidade dos seus negócios, isto é, garantir que aquilo que é vendido é exatamente o que o cliente precisa. Mas se um vendedor é pressionado a fazer muitos negócios, o que pode ter um efeito sobre a qualidade, ele fica perseguindo dois padrões diferentes e conflitantes. Se um cão persegue dois coelhos, a tendência é não apanhar nenhum.

Ao ser confrontado com pressões para ir contra o próprios valores, suas opções são limitadas. Você pode aceitar, persistir e esperar conseguir negócios suficientes para protegê-lo da pressão. Você pode tentar vender seus valores para cima. Você pode provar que seus valores funcionam, tendo melhor desempenho do que os outros. Ou, e essa é a abordagem mais comum, você pode ser mais específico ao escolher seu próximo empregador. Procure uma empresa que satisfaça seus valores. Faça uma entrevista para ter certeza de que os valores dela satisfazem os seus.

CAPÍTULO 14

MOTIVAÇÃO E ESTILOS DE TRABALHO

Motivação é como você se influencia para fazer o que precisa. No Antigo Bazar, a motivação era como você se manipulava para fazer o que precisava. Como possuímos muitas partes diferentes e nem todas querem, necessariamente, fazer o trabalho à nossa frente, como você se influencia, em vez de manipular a si mesmo? Os seus métodos serão reflexos daqueles usados pelos outros para influenciá-lo.

Os métodos que sugerimos podem ser muito diferentes daqueles dos tradicionais treinamentos de motivação, que tendem a ocultar a insatisfação e são um substituto pobre para a congruência.

A cenoura e a vara

No decorrer dos anos, houve muita discussão sobre essas duas abordagens que, a princípio, parecem conflitantes: a "cenoura" e a "vara". Como você motiva as pessoas? Dê-lhes um objetivo e recompensas. Essa é a abordagem "cenoura". Castigue-as se elas fracassarem. Essa é a abordagem "vara". Ambas funcionam.

Que tipo de abordagem você usa consigo próprio? Você pensa em trabalhar em direção àquilo que deseja ou é motivado pelas conseqüências desagradáveis da não-realização da tarefa? Se for a última, então, provavelmente você também deixa as coisas para o último minuto, quando as conseqüências são inevitáveis e não podem mais ser ignoradas. Essa abordagem pode ser difícil e estressante, dificultando a vida das pessoas que trabalham com você.

Geralmente, é mais agradável e menos estressante trabalhar para alcançar objetivos e recompensas. Quase sempre, os vendedores bem-sucedidos são motivados pela recompensa.

O ditador e a sereia

Uma outra estratégia de motivação que não funciona muito bem é conhecida como o ditador.

O ditador é aquela voz em sua mente dizendo que você *precisa* fazer alguma coisa. Você *deveria* fazê-la, você *tem que* fazê-la. Por que você não age e FAZ? Quando se é atormentado dessa maneira, a conseqüência natural é a resistência. Contudo, a voz está realmente tentando ajudá-lo. Suas intenções são as ~lhores, mas seu método é grosseiro.

Você já ~eparou como o som e a tonalidade da voz podem ser irritantes? Não são apenas as palavras, é a maneira de dizê-las para si mesmo. Pessoas que ouviram atentamente sua voz interior dizem que ela soa desconfiada como a dos seus pais.

O ditador não é uma boa estratégia de motivação. Se você usa uma estratégia semelhante, mude para a estratégia da sereia, que funciona muito melhor. Para isso, você precisa fazer duas coisas.

Primeiro, mude a tonalidade da voz. Torne-a sedutora, sensual, atraente, um prazer de se ouvir.

Segundo, mude as palavras que ela usa. Elimine algumas palavras do seu vocabulário interno: "precisar", "ter que", "dever" e "exigir". Essas palavras são conhecidas como "operadores modais". Elas não são muito agradáveis nem eficazes. Se fossem, você não precisaria continuar usando-as.

Substitua esses operadores modais por *"Eu posso"*. Assim, *"Eu preciso* fazer esse telefonema" torna-se *"Eu posso* fazer esse telefonema". "Eu posso" é mais tolerante e habilitador.

Talvez você utilize esses operadores modais no negativo: "não preciso", "não tenho que", "não deveria". Eles estabelecem limites. Faça a si mesmo a mesma pergunta que faria aos clientes ao ouvir essas palavras: "O que aconteceria se eu...?".

Descubra as verdadeiras limitações por trás das palavras e as possíveis conseqüências. Elas podem ser menos importantes do que você pensa.

Acrescente essa estratégia da sereia a uma estratégia da cenoura para obter resultados ainda melhores. Elas podem transformar o trabalho em prazer.

Fazendo e feito

A terceira estratégia que não funciona bem é imaginar a si mesmo realmente fazendo o trabalho. Para uma tarefa que você não aprecia particularmente, imagine como será quando ela já tiver sido *feita*. Sinta-se bem antecipadamente. Antecipe o prazer de tirar a tarefa do seu caminho e como isso abrirá novas oportunidades. Veja a tarefa terminada em sua mente. Se ela for agradável, imagine-se fazendo o trabalho. Sinta antecipadamente o prazer de estar fazendo essa tarefa. Então, faça-a de verdade.

Finalmente, você não precisa fazer o trabalho de uma só vez, podendo dividi-lo em tarefas menores. Lembre-se, também, de que se você pensar numa tarefa como parte de um objetivo mais amplo, será mais motivador e facilitará a execução da tarefa menor.

Estilos de trabalho

Uma outra maneira de considerar a motivação é conhecer os próprios estilos de trabalho de modo a adaptá-lo às suas forças. Há tantas coisas que poderíamos fazer e tantas informações nas quais poderíamos prestar atenção, que todos criamos alguns filtros para separar as coisas nas quais não estamos interessados. Você verá os mesmos padrões nos seus clientes. Na PNL, esses padrões são chamados de *metaprogramas* e foram desenvolvidos para serem utilizados nos negócios por Rodger Bailey como o *Language and Behaviour Profile* (LAB) (Perfil de Linguagem e Comportamento).

Os metaprogramas são muito simples. Por exemplo, pense num copo cheio de água. Agora imagine que você bebeu a metade. O que restou? Um copo meio cheio ou meio vazio? Ambos. Ninguém, em seu juízo perfeito, teria um argumento contra. Algumas pessoas consideram um emprego e pensam nas vantagens, outras consideram o mesmo emprego e enxergam todas as desvantagens. Nenhum desses padrões é melhor do que o outro, apenas diferentes.

Alguns padrões de trabalho podem parecer óbvios. Provavelmente, são aqueles que você usa. Outros podem parecer malucos — porque são os padrões de outras pessoas.

Agora, duas advertências. Primeiro, esses padrões podem mudar de acordo com o contexto. Em outras palavras, uma pessoa pode ser muito pessimista em sua vida profissional e não enxergar nada a não ser copos meio vazios. (Algumas vezes isso é chamado de "planejamento pessimista" e as companhias de seguros empregam muitas dessas pessoas para fazer a pergunta: "O que *poderia* dar errado aqui?".) Porém, na vida familiar, a mesma pessoa pode enxergar muitos copos meio cheios.

Segundo, poucas pessoas apresentam esses padrões ao extremo, eles existem mais como tendências, preferências no modo de enxergar o mundo.

Proativo-reativo

O primeiro padrão diz respeito à ação. Uma pessoa *proativa* toma a iniciativa. Ela se mexe e faz. As pessoas proativas concordam com o *slogan* da Nike: Faça. As pessoas reativas hesitam, pensam no assunto e esperam pelos outros.

Há uma piada sobre uma pessoa extremamente reativa que era profundamente religiosa e queria ganhar muito dinheiro. Então, ela planejou doar todo o dinheiro para obras de caridade e fazer coisas boas. Assim, ela rezou para o seu deus. Durante anos, rezou religiosamente e nada aconteceu. Ela ficou desanimada. Uma noite, seu deus lhe apareceu num sonho. "Ouça", disse Deus, "vamos chegar a um acordo, O.K.? Compre um bilhete de loteria."

Vender é principalmente uma profissão proativa. Você sai e se comunica com as pessoas. Os clientes proativos provavelmente compram por impulso, os reativos hesitam e pensam no assunto (e talvez nunca comprem).

Pense na sua empresa. Ela pode estar cheia de pessoas proativas, mas poderia ter uma cultura reativa devido à pressão do trabalho. Não é raro as empresas exaltarem as virtudes da proatividade e então passarem por diversas crises para atender às emergências de curto prazo, enquanto os vendedores, contratados por sua proatividade, precisam reagir aos problemas organizacionais.

Aproximação-afastamento

Esse é um padrão que encontramos muitas vezes sob formas diferentes. As pessoas que seguem o padrão *aproximação* são motivadas pelos objetivos. Elas gostam de ir em direção a alguma coisa que valha a pena ter, e permanecem focalizadas em seus objetivos. Elas reagem bem aos desafios, cuja realização trará boas sensações e recompensas. Viagens ao exterior, noites fora de casa e outras promoções motivarão a pessoa que segue esse padrão, bem como o reconhecimento e o *status*. O sistema tradicional de mapas de vendas, as recompensas mensais e o esforço para atingir quantias mensais, é totalmente planejado para elas. Os clientes desse tipo comprarão para ganhar, não para evitar um problema.

As pessoas que mostram o padrão *afastamento* são motivadas a evitar perdas. Elas notam dificuldades e são particularmente boas para identificar e solucionar problemas antecipadamente. Prêmios e reconhecimento não são importantes para pessoas que seguem esse padrão; ameaças, medo de demissão e perda de prestígio são motivadores mais eficazes.

Há uma discussão antiga sobre a cenoura e a vara — qual a mais motivadora? A resposta é ambas, dependendo de quem você estiver motivando. Uma elevada porcentagem de vendedores pertence ao tipo *aproximação*. Ao lidar com os clientes, eles se focalizam principalmente nos benefícios oferecidos pelo produto. Entretanto, se o cliente seguir o padrão *afastamento*, então as discussões sobre as perdas provocadas pela não-aquisição do produto podem estimular decisões mais rápidas. O seguro de vida pode ser um conforto quando você se aposenta, ou pode evitar que sua família passe por privações se você morrer. Sabendo se o cliente é do tipo *aproximação* ou *afastamento* você poderá enfatizar um dos dois extremos.

Muitas pessoas do tipo *aproximação* trabalham para gerentes que esperam que todos reajam a um estilo de gerenciamento *afastamento*. Isto é, os gerentes usam as ameaças como sua principal motivação. Se você está nessa situação, é ainda mais importante estabelecer seus objetivos e trabalhar em direção a alguma coisa positiva. Do contrário, o estilo de gerenciamento esgotará sua motivação e energia.

Novamente, analise sua empresa. Ela estimula uma atitude de *aproximação* em seus vendedores, enquanto reage ao mercado e às circunstâncias para evitar perdas? Ela aproveita as oportunidades do mercado?

Geral — específico

As pessoas do padrão *geral* sentem-se mais confortáveis analisando a estrutura global. Elas gostam de enxergar todo o projeto, pensam e entendem conceitualmente, e tendem a falar em termos globais. Elas não tentariam decifrar um quebra-cabeças sem primeiramente perceber e compreender a figura estampada na frente da caixa. Se você lhes der parte de uma tarefa, elas ficarão desmotivadas se não lhes permitirem ver onde sua parte se encaixa no todo. Elas se concentram mais no "que" estão querendo alcançar do que em "como" estão querendo. Com freqüência, excluem etapas numa seqüência.

As pessoas do padrão *específico* criam o quadro mais amplo juntando peças menores. Para elas, um conceito global não é apenas pouco importante, como também pode ser uma distração. Essa característica pode dificultar o estabelecimento de prioridades. Elas podem ser encontradas limpando os botes salva-vidas enquanto o navio afunda.

Imagine uma pessoa *específica* encontrando um cliente *geral*. Se o vendedor insistir em falar sobre os detalhes do produto e especificar de que maneira será entregue, instalado e pago, haverá problemas, pois tudo o que o cliente quer saber é quais são as vantagens globais, os custos e as questões gerais. Por outro lado, se o cliente for *específico* e o vendedor *geral*, pode haver frustração por parte do cliente, porque ele não recebe informações suficientes nas quais basear sua decisão, e confusão por parte do vendedor, porque ele apresentou uma visão global perfeitamente adequada.

De modo geral, quanto mais elevado o nível para o qual você estiver vendendo, mais genérica deverá ser sua maneira de estruturar o produto. É por isso que alguns vendedores se saem bem com grandes vendas no nível de diretoria — para eles, é natural descrever o quadro mais amplo.

Opções — procedimento

Esse padrão é particularmente importante em vendas. As pessoas do tipo *opções* querem ter escolhas e criar alternativas, geralmente de maneira compulsiva. Elas são excelentes no desenvolvimento de sistemas, mas inadequadas para segui-los, por melhores que sejam. Ser diferente e ter liberdade de escolha é importante para elas. Uma pessoa que segue o padrão *opções* jamais seguirá um *script* ao pé da letra, por melhor que ele seja.

Por outro lado, as pessoas do tipo *procedimento* são boas para seguir rotinas. Elas se preocupam mais com a maneira de fazer alguma coisa do que com os motivos para fazê-la. Sem uma rotina, podem ficar paralisadas. Muitas funções no mundo dos negócios só são desempenhadas com sucesso por meio de procedimentos: contabilidade, programação de computadores, pilotagem de aviões, por exemplo. No mundo dos negócios, ganha-se dinheiro seguindo procedimentos que funcionam (e pela invenção de outros que funcionam tão bem ou melhor).

Isso cria um interessante paradoxo, particularmente em vendas. A maior parte dos treinamentos em vendas segue métodos. Um *script* contém muitos procedimentos. Mas, embora o propósito do treinamento em vendas seja desenvolver procedimentos, geralmente também tende a transmitir a idéia de que o padrão opções é melhor. A profissão de vendas tende a atrair pessoas do tipo opções que, então, são estimuladas a seguir procedimentos.

Em nossa abordagem, procuramos oferecer uma estrutura suficientemente forte na qual você possa ser tão criativo quanto desejar. Um bom *script* proporciona uma estrutura flexível na qual você pode ser criativo.

Interno — externo

Como você sabe que realizou um bom trabalho? Pense nessa pergunta por alguns minutos. Há duas categorias extremas de resposta. A primeira é: "Eu apenas sei". Essa é a resposta de uma pessoa *interna*. Ela tem seus padrões e os utiliza para comparar ações e decidir o que fazer. As pessoas muito internas insistem em decidir por si mesmas e resistirão à idéia de outras pessoas decidirem em seu lugar. Geralmente, são rotuladas de "teimosas", podem ter dificuldade para aceitar ordens e precisam de pouca supervisão. Algumas vezes, as pessoas muito internas sentem-se desconfortáveis com a idéia de influenciar os clientes. Elas querem que eles decidam por si mesmos, com o mínimo de influência externa. Isso não é vender.

A resposta de uma pessoa muito externa seria: "Quando outras pessoas me dizem". As pessoas externas precisam de um estilo de gerenciamento com muita motivação externa, aprovação e orientação.

As estratégias de motivação da cenoura e da vara são externas. As pessoas *externas* precisam que os outros lhes forneçam padrões de decisão e ação. Elas são muito mais receptivas ao *feedback* e seguirão padrões com muita facilidade. As pessoas *externas* precisam ser gerenciadas e precisam de *feedback* sobre sua maneira de trabalhar.

A maioria das pessoas possui um equilíbrio entre as duas tendências: elas têm padrões internos e também valorizam o *feedback* externo.

Semelhança — diferença

Esse padrão é sobre comparações, observar o que é igual e o que é diferente.

As pessoas que possuem o padrão *diferença* notam as diferenças. Elas gostam de saber o que é diferente nos produtos e estão muito conscientes das diferenças em geral. Elas também gostam de mudanças e se aborrecem com facilidade se as coisas continuam iguais. Geralmente, mudam de emprego rapidamente.

Os clientes que mostram esse padrão gostam de saber que um produto é "novo" e "diferente".

As pessoas que possuem o padrão *semelhança* notam o que continua igual nas pessoas, situações, fatos. Elas também gostam de permanecer no mesmo trabalho, pois gostam do que é familiar.

O padrão intermediário é o mais comum: igualdade com exceções. As vendas são um bom exemplo. Você faz o mesmo tipo de trabalho, mas com pessoas diferentes a cada dia.

Independente — proximidade — cooperativo

Esse é um padrão sobre relacionamentos no trabalho. Muitos empregos em vendas atraem pessoas *independentes*. Elas gostam de trabalhar por conta própria e são boas nisso; são produtivas e assumem responsabilidade pelos resultados.

As pessoas do tipo *proximidade* gostam de trabalhar com outras pessoas. Elas trabalham bem supervisionando ou sendo supervisionadas. São bons gerentes de vendas e bons vendedores, pois têm muita facilidade para entrar em *rapport* com os outros.

As pessoas *cooperativas* trabalham melhor quando estão colaborando com os outros, dividindo responsabilidades. Elas trabalham melhor em equipes. As melhores equipes de vendas são formadas por pessoas do tipo *cooperativo* e *proximidade*, e é por isso que as melhores equipes de vendas não incluem, necessariamente, os melhores vendedores individuais.

Esses são os principais padrões do metaprograma. Eles são tendências, não padrões do tipo tudo ou nada. São descrições, não explicações; e se você se encaixa num deles, não significa que não tenha escolhas sobre o que fazer.

Você não é o seu comportamento e os seus metaprogramas não determinam seu comportamento. Nenhum padrão é absolutamente melhor do que o outro; tudo depende daquilo que você quer fazer.

Em geral, a cultura das vendas encoraja os vendedores do tipo aproximação, proativo, externo e proximidade. E, como vimos, também lhes transmite mensagens confusas. O importante é ser congruente com o trabalho que você está fazendo. Veremos isso em seguida.

CAPÍTULO 15
PREPARAÇÃO MENTAL

Verificação da congruência

A congruência no trabalho é o alinhamento de objetivos e valores. Quando você é congruente, pode confiar na sua competência. A sua congruência afeta os clientes que, justa ou injustamente, associam seus sentimentos pelo vendedor aos seus sentimentos pelo produto. Se eles separassem o produto do seu representante, comprariam apesar do vendedor e não por causa dele. Você compraria um curso de controle de peso de um vendedor que pesasse mais de cem quilos e fosse viciado em biscoitos?

Também é importante ser congruente com relação a determinadas partes ou elementos do seu trabalho. Este capítulo mostra como testar sua congruência. Você pode usar este teste de congruência em qualquer área de sua vida.

Primeiro, lembre-se de uma época em que você estava totalmente envolvido numa tarefa ou objetivo. Pode ser qualquer coisa, não necessariamente relacionada às vendas. Enquanto se recorda, visualize o que você viu naquela situação, ouça o que ouviu e sinta o que sentiu. Agora, preste atenção às suas sensações corporais. Como é estar envolvido com alguma coisa? Para muitas pessoas é um "sentimento profundo". Outras ouvem um determinado tom de voz em sua mente. Descubra seu sinal particular. Reconheça essa sensação. É impossível fingir. Você não pode enganar a si mesmo. Você pode receber um sinal gradual. Quanto mais forte a sensação, mais congruente você é.

O segundo passo é obter um sinal de incongruência.

Lembre-se de uma ocasião em que você *não* estava totalmente envolvido numa tarefa ou projeto. Você estava incongruente. Uma situação do tipo: "sim, mas...". Como você se sentia? Quais eram as suas sensações corporais? Que imagens e sons você ouvia internamente? Nessa situação, muitas pessoas ouvem uma voz hesitante em suas mentes. Esse sinal é seu amigo. Ele está avisando que alguma coisa ainda não estava certa naquela situação.

Agora, pense no elemento do seu trabalho cuja congruência você está verificando. Por exemplo, pergunte-se: "Eu estou congruente em relação a essa reunião?", e seja sensível ao sinal enviado pelo seu corpo. Você pode usar a ausência do sinal de congruência ou a presença do sinal de incongruência como um aviso de que não está totalmente preparado. Se esse for o caso, você terá que fazer mais algumas perguntas e negociar consigo próprio, como se você fosse o vendedor e o cliente, uma vez que, obviamente, existem partes que não "compraram" aquilo que você está para fazer.

O que você teria que fazer antes de se sentir congruente com relação à tarefa?
Você tem tempo para fazer uma preparação adequada?
Essa tarefa o está colocando sob pressão?
Há algum ponto em que seja preciso dizer não?
Você conhece bem o produto?

Identifique o que você precisa fazer para ficar congruente. Muitas vezes, uma preparação extra ou alguma condição especial precisam ser consideradas.

Preparação da reunião

O sucesso de uma reunião de vendas depende da qualidade da sua preparação. Há dois tipos de preparação. Considerar ambas ajudará sua congruência e eficácia.

1. As questões práticas — por exemplo, ter a certeza de que você tem as informações necessárias, e chegar na hora. Muitos gerentes não esperam mais do que isso.
2. Preparação mental. O ensaio mental é uma ação absolutamente constante nos melhores realizadores em todas as áreas que conhecemos.

Ensaio mental significa repassar em sua mente como você quer que seja a reunião. Dê à sua mente imagens de sucesso e ela criará o sucesso imaginado no mundo real. Todos sabemos como nossas expectativas criam profecias auto-realizadoras. Pense que vai fracassar e, provavelmente, fracassará. Planeje o sucesso e, se ele for possível, você o alcançará.

Ensaio mental para o sucesso

Este é um processo simples de ensaio mental usado por muitos dos melhores realizadores.

• Imagine a cena do seu maior sucesso, uma época em que você se sentia bem com o que fazia, estava confiante e tudo deu certo. Não precisa ser uma reunião de vendas.
• Segundo, você quer conhecer as qualidades dessa cena. Preste muita atenção à cena que evocou mentalmente e descreva-a para si mesmo. Observe sua imagem mental:

Você está se vendo na imagem ou está dentro dela, vendo com seus próprios olhos?

Qual o tamanho da sua imagem mental?

Qual o seu brilho?

É uma imagem estática ou em movimento?

É colorida ou em branco e preto?

A imagem ocupa todo o espaço? Está de um lado?

A imagem é nítida ou indistinta?

É bi ou tridimensional?

O que mais você observa na imagem?

• Anote essas características da sua imagem mental de confiança. Essas distinções na sua maneira de enxergar a imagem são chamadas de *submodalidades visuais* na PNL.

Agora, preste atenção a qualquer som na sua lembrança dessa cena.

Você ouve vozes, sons ou ambos?

De onde vêm os sons?

Qual a intensidade dos sons?

Há um ritmo?

Eles são mais altos ou mais suaves do que o normal?

Se houver vozes, o que elas estão dizendo, e em que tom?

• Anote essas características. Elas são as submodalidades auditivas.

Nossa mente enxerga suas imagens de sucesso de determinadas maneiras. Para ensaiar mentalmente o sucesso no futuro, pense na cena imaginada, da mesma maneira como viu seu sucesso no passado. Você acaba de descobrir como seu cérebro codifica seus sucessos.

Se você não acredita, lembre-se de uma de suas experiências menos agradáveis, uma cena que você preferiria esquecer. Observe como a imagem é diferente. Ela pode ser mais escura, menor, estar localizada num lugar diferente. A qualidade do som, provavelmente, é diferente. Se algum diabinho embaralhasse as duas cenas, apenas olhando e ouvindo você poderia dizer qual delas era a imagem do sucesso, sem ouvir nenhuma das palavras pronunciadas. Naturalmente, a cena real e quem está nela serão diferentes, mas sua maneira de pensar nela também será diferente.

Agora, pense em sua futura reunião, da mesma forma que você acabou de pensar em seu sucesso. Se sua lembrança do sucesso era uma imagem grande e brilhante, ensaie mentalmente a reunião como uma imagem grande, brilhante. Encaixe a futura reunião na estrutura da lembrança bem-sucedida. Agora, observe a si mesmo na reunião, como num filme de vídeo. Crie e edite o vídeo enquanto continua. Você é o astro. Veja-se lá. Dirija o filme para que ele saia do jeito que você quer. Ouça a trilha sonora. Observe as reações dos clientes. Antecipe perguntas difíceis. Veja-se alcançando seu objetivo com facilidade e confiança. Observe tudo o que acontece até o final, até ficar completamente satisfeito.

Agora, satisfeito com o filme interior que criou, entre nele. Isso é chamado de *associar-se com* sua imagem mental. Veja e ouça a reunião como se estivesse lá. Antes, você era uma mosca na parede, cuidando para que tudo desse certo. Agora, você está lá, agindo da maneira como decidiu, falando do modo como preparou. Se, a qualquer momento você ficar insatisfeito, saia do seu vídeo mental e edite o filme até ficar satisfeito. Então, entre nele novamente. Para aproveitar ao máximo o ensaio mental, você precisa estar associado ao seu filme mental.

Naturalmente, o que você não pode fazer com esse exercício é influenciar diretamente o que o cliente vai dizer e fazer, mas você pode mudar o próprio comportamento e, conseqüentemente, a resposta dele quando estiverem face a face.

Agora, planeje a reunião a partir dos três pontos de vista. Coloque o número de cadeiras correspondentes às pessoas que estarão presentes, mais ou menos na mesma posição que você espera que elas ocupem durante a reunião real. Então, sente-se na cadeira que você irá ocupar. Embora nesse ensaio o escritório, a mesa e a geografia geral possam ser diferentes do que serão na vida real, você pode torná-los tão realistas quanto possível. Então, planeje a reunião a partir do seu ponto de vista, da primeira posição. Use os *insights* obtidos no exercício anterior. Estabeleça o que você está buscando alcançar, como saberá que alcançou, qual a atitude que vai adotar, como estruturará a reunião e qualquer outra coisa que lhe pareça útil planejar.

Após ter juntado as informações da primeira posição, passe para a cadeira do cliente e imagine que você é ele. Agora planeje a reunião a partir dessa segunda posição. Quais são os meus desejos, necessidades e valores *como cliente*? O que eu estou buscando? Você perceberá aspectos e pensamentos relacionados à abordagem do cliente com relação à reunião que jamais estariam disponíveis se você pensasse nela somente a partir da própria posição.

Depois de ter juntado as informações da segunda posição, posicione-se ao lado das cadeiras e assuma a pessoa do dramaturgo ou do diretor do filme e antecipe o que poderá acontecer entre essas duas pessoas com os planos e intenções que reuniu da primeira e segunda posições. Nesse momento, você provavelmente será capaz de dar a si mesmo algum bom conselho sobre a maneira de melhorar sua abordagem. Seja seu próprio treinador. Com esse conselho, retorne à cadeira da primeira posição e planeje novamente a reunião. Naturalmente, você pode fazer isso mentalmente, sem as cadeiras.

Preparando um bom estado emocional

O fator mais importante para o sucesso na reunião de vendas será o seu estado emocional. Como você quer se sentir? Pense nos princípios de estabelecimento de objetivos. Se você pensar: "Eu não quero me sentir *nervoso*", adivinhe como se sentirá?

Muitos vendedores responderiam que querem se sentir confiantes. A confiança vem de uma boa preparação. Pergunte-se: "Eu mereço ser bem-sucedido?". Você precisa conhecer o assunto. Se não o conhece, tem razão de sentir-se desconfortável. O outro fator a ser considerado é saber quantas vezes você precisa ser bem-sucedido para sentir-se confiante. Uma? Duas? Três vezes? Mais do que isso? Nunca? Diferentes pessoas têm diferentes respostas. Pense nessa pergunta se você precisa provar isso para si mesmo toda vez que vai fazer alguma coisa.

Há um processo simples que lhe permitirá sentir-se confiante e com recursos ou qualquer outra coisa que queira sentir durante uma reunião difícil. Ele se baseia naquilo que é conhecido como "princípio da montanha-russa". Imagine que você está no topo de uma montanha-russa (ou em qualquer outro brinquedo se você nunca andou de montanha-russa). Agora, reviva a experiência de estar descendo a montanha-russa, vendo o que você viu, ouvindo o que ouviu e *whoaaaa...* sentindo o que sentiu. Agora, na realidade você não está numa montanha-russa, certo? Mas pode recuperar muitas das sensações. As lembranças imaginadas e revividas criam sensações reais no aqui-agora. Tudo o que você precisa fazer para usar esse princípio a seu favor é lembrar-se de um momento em que se sentiu confiante e utilizar esses sentimentos. Não precisa ser na mesma situação de uma reunião de vendas. Pode ser em qualquer situação. É o sentimento que você deseja, não a situação. Se você acha que jamais se sentiu confiante, você realmente tem certeza? Absoluta? Você tem certeza absoluta de que jamais se sentiu confiante? Se for verdade, use *esse* sentimento de certeza.

Então, o primeiro passo é pensar numa situação no passado, na qual você se sentiu como deseja se sentir na futura reunião.

Volte àquela lembrança tão fortemente quanto puder.

Veja o que você viu, ouça o que ouviu e sinta a sensação tão intensamente quanto puder. Então, volte para o momento presente.

A seguir, escolha a associação ou gatilho que você deseja para lembrá-lo dessa sensação. Na PNL, isso é chamado de *âncora*. Nós podemos fazer qualquer associação que quisermos para evocar os sentimentos que quisermos, em vez de reagir aleatoriamente às âncoras do ambiente. Exemplos de âncoras às quais reagimos diariamente são a luz vermelha dos semáforos, a campainha do telefone e a sirene da polícia. Os anunciantes tentam ancorar seus produtos a boas sensações pela utilização inteligente de imagens e sons. Você pode criar âncoras para si mesmo. Um gerente de vendas virou um quadro pendurado na parede de seu escritório de cabeça para baixo. Sempre que olhava para o quadro, lembrava-se que, se quisesse, poderia enxergar as coisas de maneira diferente e não ser tão previsível. Outro pendurou uma ferradura na parede. Quando lhe perguntavam: "Com certeza, você não acredita nessas tolices supersticiosas sobre ferraduras e boa sorte?", ele respondia: "Claro que não!". "Então, por que você tem uma?" era a próxima pergunta. Então ele respondia: "Porque funciona!".

Escolha suas âncoras:

Visual — alguma coisa que você possa ver na sua mente, por exemplo, um símbolo ou a cena da sua experiência lembrada.

Auditiva — um som ou palavra que possa dizer para si mesmo. Se for uma palavra, tenha certeza de que o tom de voz expressa a confiança que deseja sentir.

Cinestésica — um pequeno gesto imperceptível que você pode fazer. Algumas pessoas cerram o punho ou juntam dois dedos.

Em seguida, volte e vivencie plenamente o estado de recursos que você deseja. Veja o que você viu, ouça o que ouviu e sinta todas as sensações corporais. Pode ser útil colocar o corpo na mesma posição em que estava (se for adequado). Quando a sensação de recursos estiver no auge, associe suas três âncoras a ela — veja a imagem, ouça o som e faça o gesto. Então, saia desse estado e pense em outra coisa.

Teste suas âncoras. Veja a imagem, ouça o som, faça o gesto e observe como eles evocam novamente a sensação de recursos. Se você não estiver satisfeito, volte à etapa anterior e associe-as novamente à sensação de recursos. Faça isso quantas vezes precisar, para que as âncoras sempre evoquem a sensação de recursos.

Novamente, ensaie a reunião mentalmente, usando suas associações. Você pode usá-las para ficar num estado de recursos no início da reunião e como uma estratégia de recuperação, se as coisas não derem certo durante a reunião.

Ancorar e usar seus estados de recursos é uma habilidade e, quanto mais você praticar, mais fácil se tornará. Para muitas pessoas, ela funciona dramaticamente na primeira vez. Vivemos numa cultura que acredita que os sentimentos são involuntários, criados pelas outras pessoas. Essa técnica da "montanha-russa" é uma forma de adquirir algum controle e escolhas sobre o que você sente, em vez de ficar à mercê das situações.

Relatório mental

Todos cometem erros; o truque é aprender com eles para não cometer o mesmo erro duas vezes. Esta seção completa o ciclo, por meio da revisão e da aprendizagem com a reunião. Faça isso até 24 horas após a reunião, enquanto a lembrança for recente. O processo levará cerca de dez minutos.

Relaxe num local tranqüilo, onde ninguém o perturbe. Reveja toda a reunião como num vídeo, vendo o que você viu, ouvindo o que ouviu e sentindo o que sentiu. Não tente lembrar-se de toda a reunião, repasse-a como a edição dos melhores momentos de um jogo de futebol. Enquanto fizer isso, você observará momentos em que gostaria de ter tido mais opções. Lembrese desses momentos. Quando terminar, volte a cada um daqueles momentos em que você gostaria de ter mais opções e pare seu vídeo mental. Pode ser um momento em que você esteve bem e no qual gostaria de ser melhor. Pode ser que você tenha se saído bem, mas gostaria de explorar algumas outras opções.

Após ter interrompido o vídeo, saia dele mentalmente, adote um ponto de vista neutro e observe-se na reunião naquele momento. Agora, edite criativamente a seqüência da fita e observe-se fazendo alguma outra coisa melhor, mais adequada. Quando estiver satisfeito, entre mentalmente no filme outra vez e ensaie, agindo de acordo com essa nova escolha na situação. Desfrute a atitude que você poderia ter tomado. Enquanto representa, verifique se funciona bem. Se descobrir alguma coisa que ainda está errada, saia, pense em outra alternativa, observe-se agindo de acordo com ela e reveja todo o processo, até ficar totalmente satisfeito: a partir do seu ponto de vista, observando a si mesmo e do seu ponto de vista, realmente agindo.

É claro que isso não aconteceu, mas da próxima vez...

Reveja toda a reunião dessa maneira e aprenda o máximo que puder. A pergunta-chave a se fazer durante esse processo é: "O que eu faria diferente na próxima vez?".

Pegue seu vídeo mental e guarde-o num lugar seguro. Você não precisa estar consciente dele o tempo todo para que as novas escolhas influenciem seu desempenho.

Planos de desenvolvimento

Felizmente, a empresa onde você trabalha aceita a responsabilidade de fornecer o tempo e o dinheiro para apoiar o treinamento e desenvolvimento adicionais das suas habilidades, bem como seu progresso profissional. Infelizmente, muitas não o fazem. O treinamento pode ser considerado uma despesa e não um investimento. E, onde há um orçamento, com freqüência ele focaliza o treinamento das habilidades que você precisa agora, na sua atual posição, sem considerar o desenvolvimento das habilidades que serão úteis no seu próximo emprego ao longo da sua carreira.

Independentemente do fato de sua empresa apoiá-lo com treinamento e desenvolvimento, é bom você mesmo assumir essa responsabilidade, pois assim terá o controle.

Qualquer trabalho é uma combinação de diferentes habilidades. Essas habilidades são como elos numa corrente, que se unem para formar o produto final. Infelizmente, poucas pessoas são boas em todos os aspectos do seu trabalho, em todos os elos da corrente. As habilidades de que necessitamos exigem um pouco mais de esforço. Algumas pessoas tentam compensar os elos mais fracos fortalecendo mais um ponto forte. Se um vendedor não é bom em telefonemas ao acaso, pode tornar-se excelente no fechamento de vendas e, embora não abra muitas oportunidades, aquelas que consegue são realizadas.

No final deste livro há um planejamento de exercícios para criar habilidades. O treinamento é para criar habilidades numa situação segura, para que se tornem uma segunda natureza numa situação real com um cliente. À medida que praticamos, precisamos prestar menos atenção consciente naquilo que fazemos. Da incompetência consciente passamos para a competência inconsciente, quando não precisamos pensar no que fazemos, apenas fazemos. Nesse nível, você é o mestre naquilo que escolheu fazer.

PARTE QUATRO

GERENCIAMENTO EM VENDAS

CAPÍTULO 16

LIDERANÇA

Suas habilidades em vendas são necessárias no gerenciamento, porém não são mais suficientes. Para ser capaz de criar um ambiente estimulante no qual as pessoas queiram produzir quantidade e qualidade de negócios, são necessárias habilidades nas quais talvez alguns de nós jamais tenham pensado até atingir a posição de gerente, receber o título e as instruções para seguir em frente.

Focalizaremos três aspectos necessários para um gerenciamento "bem-sucedido":

• o que a PNL pode oferecer ao gerenciamento eficaz;
• aplicação das habilidades de autogerenciamento no cenário organizacional;
• as implicações do Novo Bazar para o gerenciamento em vendas.

Como gerente, você precisa de uma ampla visão organizacional das vendas. Você precisa valorizar a primeira posição: o ponto de vista do vendedor, e da segunda posição: o ponto de vista do cliente. Particularmente, você precisa ser capaz de adotar uma terceira posição: observar o processo total. Sob muitos aspectos, o gerenciamento utiliza as mesmas habilidades organizacionais que já analisamos — administrar objetivos, estabelecer prioridades, dividir os objetivos em partes viáveis e compreender os recursos para liberar essas partes —, porém, obviamente, numa área mais ampla.

Normalmente, os gerentes de vendas ganham menos do que alguns dos vendedores que administram. Eles trabalham mais, sob maior tensão, por menos reconhecimento. Enquanto um vendedor pode focalizar nitidamente aquilo que deseja obter do seu trabalho e trabalhar em direção aos seus objetivos pessoais, os gerentes devem estar mais conscientes das necessidades e objetivos corporativos e do bem-estar de sua equipe de vendas. Como gerente você não pode mais ser egoísta e avaliar o sucesso somente baseado no lucro pessoal. Sua percepção, interesse e preocupação devem abranger cada setor do negócio.

Um gerente de vendas também precisa do equilíbrio correto entre reatividade — reagir a eventos e emergências — e proatividade — iniciar a ação. Seu modelo será seguido pelos outros.

Muitas pessoas buscam um cargo na gerência porque ela parece ser a mudança natural a ser realizada. Algumas esperam a oportunidade de ver outras pessoas fazendo o que elas dizem, para variar. É importante conhecer os próprios motivos ao buscar essa posição. Se você for nomeado gerente e depois descobrir que não gosta, é difícil voltar para as vendas dentro da mesma empresa. Pergunte-se:

"O que eu realmente desejo da gerência em vendas?"

Pense em seus objetivos, caso ainda não o tenha feito na última seção. Então, pergunte-se:

"O que é realmente importante para mim na gerência em vendas?"

Conheça seus valores como um gerente de vendas.

Liderança

De um grande líder, as pessoas dirão: "Nós o fizemos".

Lao Tzu

Primeiramente, um gerente é um líder. Um gerente abre seu caminho na floresta para avançar. Um líder também sobe numa árvore, olha em volta e pode gritar: "Selva errada!". Você guia os outros e, para fazê-lo bem, precisa guiar a si mesmo. Os gerentes enfrentam duas principais tarefas: primeira, desenvolver e esclarecer exatamente o que a empresa está tentando alcançar; e segunda, criar um ambiente de apoio onde as pessoas que administram possam utilizar ao máximo seus recursos e qualidades pessoais, dando o melhor de si mesmas.

Os seus maiores recursos são o seu pessoal. Os vendedores são muito valiosos. É preciso cuidar bem deles. Sempre trate seus funcionários exatamente da maneira como você deseja que eles tratem seus melhores clientes — eles farão isso. É muito caro treinar e recrutar vendedores, e os bons é difícil encontrar. Cada vez mais, liderança significa formar uma equipe, fazer diferentes pessoas caminharem na mesma direção, para que suas diferenças se tornem uma fonte de força, não de desavenças. Um bom líder desenvolve os outros para que eles também possam se tornar líderes.

A qualidade da liderança vem da congruência. Quando seus objetivos e valores estão alinhados, você se torna mais poderoso e é capaz de realizar mais. As equipes se dividem quando seus componentes têm interesses conflitantes. Do mesmo modo, é difícil ser bem-sucedido quando suas partes internas estão puxando em direções diferentes. No atletismo, o vencedor geralmente é aquele cujo corpo está trabalhando em direção ao seu objetivo. A menor desvantagem pode fazer uma diferença, talvez apenas um décimo de segundo, embora isso seja tudo o que separa o vencedor dos outros competidores.

Liderança é uma palavra emocional e tende a criar visões militares de carisma e batalhas ganhas e perdidas. Agora, as pessoas tendem mais a marchar com você quando você compartilhar seus valores, em vez de lhes ordenar que o façam. Os melhores líderes compartilham qualidades como inteligência, compromisso, energia, integridade e credibilidade. Os vendedores no Novo Bazar precisam exatamente dessas qualidades em seus líderes.

Um líder está a serviço dos seus colegas. A antiga forma de gerenciamento, tipo pirâmide, está sendo virada de cabeça para baixo. Em vez de a base da pirâmide voltar-se para o alto, sustentando o gerente no topo, a pirâmide se equilibra sobre seu pico. Os gerentes servem as pessoas abaixo deles. A organização serve o cliente.

Crenças

O que você pensa a respeito das pessoas determina sua maneira de administrá-las. Apesar de geralmente não pensarmos nas crenças como recursos, apresentamos aqui quatro delas, muito úteis, que são princípios básicos da PNL. Elas podem ou não ser verdadeiras, é impossível dizer. Aja como se elas fossem verdadeiras e observe os resultados obtidos. Nossas crenças são profecias auto-realizadoras. Quer você acredite que pode ou que não pode — *você está certo.*

1. Todos nós agimos com uma intenção positiva
Isso significa que todas as nossas ações são completamente compreensíveis dentro de nossa estrutura de referência. Todos cometemos erros, fáceis de enxergar posteriormente. Mas, por mais estúpidas que nossas ações possam parecer mais tarde, ou vistas do lado de fora, de acordo com nossas crenças e idéias elas nos pareciam racionais, na época, a melhor escolha. Alguém que anda às cegas, atirando nas pessoas com uma arma imaginária, parece louco, até você perceber que ele está usando um capacete de realidade virtual. Nós podemos criar algumas realidades muito bizarras em nossa cabeça sem a ajuda desse equipamento!

2. Todos nós possuímos os recursos de que precisamos para ter sucesso ou podemos adquiri-los
Sem essa crença, delegar responsabilidade é exasperante. Você precisa acreditar. O microgerenciamento e a relutância para transferir responsabilidades transmitem ao seu pessoal a mensagem de que eles são incompetentes e é o caminho mais rápido para adquirir uma úlcera executiva.

3. Ninguém vai trabalhar para realizar um trabalho ruim
Essa crença está intimamente relacionada às outras duas. Se você acredita que as pessoas querem trabalhar, são honestas e desejam se destacar, você criará um ambiente no qual elas estarão livres e estimuladas para trabalhar.

4. *Não existe fracasso, apenas* feedback

O fracasso é uma maneira de descrever os resultados que você não deseja. A palavra fracasso parece muito definitiva. Em vez disso, pense em manter seu objetivo em mente e procurar realizá-lo. Use os resultados que obtiver como *feedback* para adaptar aquilo que você faz. Aprenda com o *feedback* sobre o que fazer da próxima vez.

A não ser que você seja um super-homem (e essa é uma responsabilidade tremenda), cometerá erros. Contudo, um líder é flexível e utiliza os resultados, mesmo que eles não sejam exatamente o que desejava. Ele pode lidar com o inesperado e até transformá-lo em vantagens. As circunstâncias mudam, até mesmo de um dia para o outro, e seu estilo de gerenciamento deve mudar também. Uma súbita queda no desempenho, um realizador excepcional passando por problemas pessoais, uma mudança na política ou estratégia da empresa, modificarão sua maneira de lidar com seu pessoal.

Motivação

Um gerente motiva e inspira sua equipe de vendas. Quando você lidera pessoas, você também as motiva. Como motivar as pessoas congruentemente, de maneira a reconhecer seus objetivos e valores? Não do modo como alguns gerentes lidam com suas equipes — como se fossem sair para jogar futebol.

Eles reúnem a equipe às oito horas da manhã, criticam e ameaçam aqueles que apresentam um desempenho ruim, encorajam e animam os outros e mandam que saiam como bonecos com a corda tão tensa a ponto de quebrar. Essa forma de motivação não é adequada para um desempenho de longo prazo. Ela pode funcionar para os levantadores de peso, cujo trabalho é realizado em dez segundos, mas para vendedores que estarão conversando com muitos clientes durante a semana, o aumento de adrenalina não é a maneira de motivar.

Muitas vezes, a motivação também é confundida com avaliação do progresso. Os vendedores são estimulados a fazer comparações com aqueles que estão se saindo muito melhor. Supõe-se que isso seja motivador, e a intenção da mensagem é: "Você também poderia ser assim". Entretanto, esse tipo de comparação só faz as pessoas se sentirem mal. Ela lembra os tempos de escola, quando os professores diziam coisas como: "Por que você não pode ser como o Johnny? Ele é tão bom". A resposta para isso: "Eu não quero ser como o Johnny, eu quero ser eu mesmo, e se você continuar citando o Johnny como modelo, vou acabar detestando-o, porque quando penso nele me sinto mal". Portanto, a comparação como método de motivação não é apenas ineficaz, mas também provoca hostilidade.

Provavelmente, você se motiva da mesma maneira como tenta motivar os outros. Já falamos sobre o modelo de motivação da cenoura e da vara. Se você é uma pessoa do tipo *aproximação,* motivará os outros pela recompensa: a filosofia da cenoura. Uma pessoa do tipo *afastamento,* provavelmente motivará os outros pela ameaça de punição: a filosofia da vara.

Esse método da vara foi levado ao seu extremo pelo gerente que reuniu sua equipe de vendas na segunda-feira pela manhã e disse: "Estou despedindo todos vocês agora. Vocês têm até quinta-feira à tarde para me convencer de que merecem ter o emprego de volta". Esse estilo de gerenciamento cria sentimentos ruins e torna-se o "gerenciamento de más notícias".

Um "gerente de más notícias" é aquele cuja presença é uma âncora para problemas; eles são aqueles que só querem saber o que deu errado e os erros que você cometeu. Você só tem notícias deles quando está em dificuldades. "Você saberá que está indo bem se não tiver notícias minhas" é a mensagem comum. Mas um gerente que é líder estimulará a proatividade e o desenvolvimento pessoal e profissional de seus colegas. Esse desenvolvimento será gerado internamente e não forçado por meio de esquemas de incentivo.

Tanto a cenoura quanto a vara são estímulos externos. Elas nos levam de volta ao Antigo Bazar, quando as vendas eram uma batalha contra a relutância do cliente, os clientes eram o inimigo, muralhas a serem derrubadas, e vendedores incongruentes precisavam de motivação externa — pressão, ameaças ou recompensas extras.

Se você quiser uma metáfora descritiva do efeito de longo prazo desse sistema de motivação, tente esta experiência. Unte a parte inferior de um forno de microondas com óleo de girassol. Coloque num dos lados do forno tantas uvas quantos forem os vendedores. Feche a porta. Ligue o forno e aposte nas uvas. Graças à física da transferência de calor, elas começarão a patinar no óleo quente. As melhores patinarão mais rápido e irão mais longe. Infelizmente, o mesmo princípio de transferência de calor finalmente fará as uvas explodirem.

Quando as pessoas são motivadas pelo aperfeiçoamento, elas estarão trabalhando porque desejam e não porque precisam. Com um objetivo pessoal a ser alcançado, elas serão motivadas por sentimentos positivos. Quais são seus objetivos e o que é importante para elas no trabalho? Para gerenciar e liderar seu pessoal eficazmente, você precisa criar um dossiê de critérios fundamentais, tanto os de aproximação quanto os de afastamento de cada vendedor. Você pode descobrir isso conversando com eles. Com *rapport* você pode ser franco e perguntar o que é importante para eles. Você quer saber para que possam trabalhar bem juntos. Quando você lidera as pessoas pelo que é importante para elas, elas o seguirão.

É por isso que os programas de incentivo empresarial, que recompensam os melhores realizadores com férias ou presentes, geralmente não dão certo. Esses esquemas são uma forma indiscriminada de tentar motivar positivamente. É como oferecer um desconto ao cliente, quando, na verdade, o preço não é importante para ele. Ele fica feliz em pagar desde que o produto satisfaça seus critérios. Do contrário, será muito difícil convencê-lo.

Muitos incentivos consistem simplesmente em oferecer os doces errados. As pessoas os aceitarão se eles forem a única coisa oferecida, mas não estarão realmente satisfeitas. Uma grande quantidade daquilo que você não deseja nunca é suficiente. Foram realizados muitos projetos de pesquisa na indústria para descobrir o que motiva as pessoas, e o dinheiro, consistentemente, apareceu em terceiro ou quarto lugar na lista. Para um vendedor, é mais importante ser reconhecido, apreciado e valorizado, receber apoio e orientação. Para motivar as pessoas, ofereça-lhes aquilo que elas valorizam. Ao fazer isso, seus vendedores ficarão mais motivados e você começará a quebrar o círculo vicioso que os faz olhar constantemente para fora de si mesmos, para você, para cenouras e varas.

Para se motivar, compare o lugar onde você está agora com um futuro estimulante formado por *seus objetivos e valores*. Para motivar os outros, faça-os comparar onde eles estão agora com a visão *deles*, de um futuro estimulante. Contudo, para avaliar o progresso, compare o lugar onde você está com o lugar *de onde você partiu*.

CAPÍTULO 17

NÍVEIS LÓGICOS DE GERENCIAMENTO

Imagine que você esteja falando com sua equipe de vendas a respeito de um cliente difícil. A negociação começou bem; agora, parece estar enfraquecendo. Você procura os motivos. Um dos componentes da equipe diz: "É um lugar realmente difícil para trabalhar; parece haver uma atmosfera de desânimo. Nossos contatos mudam continuamente, eles cancelam compromissos e avisam com pouca antecedência. Estamos achando difícil continuar".

Compare isso com uma outra resposta: "Não é o nosso tipo de cliente. Nós nos sentimos desconfortáveis lá".

Essas duas respostas parecem superficialmente iguais, mas tratam de duas coisas muito diferentes. A primeira refere-se ao *ambiente*. O membro da equipe está falando sobre as pessoas e o lugar. A segunda é sobre a percepção que a equipe tem de si mesma, de sua *identidade*.

Observe um outro exemplo. Você está perguntando a algumas pessoas da sua equipe de vendas os motivos por que os resultados estão piorando. Uma delas diz: "Sim, tenho enfrentado alguns problemas, continuo cometendo erros estranhos, não sei bem por quê. Agora, estou progredindo".

Outra diz: "Estou tendo problemas para fechar o acordo, não sei por quê. No momento, essa área parece ser um problema para mim".

A primeira pessoa está falando sobre *comportamento*, atos isolados. Em sua opinião elas não significam mais nada. A segunda está falando sobre a *habilidade* para conseguir um acordo.

Esses problemas estão em diferentes níveis e necessitam de soluções diferentes. Tanto os indivíduos quanto as organizações enfrentam problemas e mudanças em diferentes níveis. Identidade, crenças e valores, habilidades ou capacidades, comportamento e ambiente são conhecidos como *níveis lógicos* ou *níveis neurológicos* em PNL. Esse modelo vem principalmente das pesquisas do instrutor em PNL Robert Dilts.

Níveis lógicos de gerenciamento

Ambiente   É *onde e quando*, as pessoas, os lugares e as coisas com os quais trabalhamos.

Comportamento	Nossas ações. Comportamento é o que você *faz*.
Capacidade	Abrange as habilidades que usamos. Habilidades e capacidades são o comportamento constante que realiza nossos objetivos. A capacidade responde à pergunta: *como* você faz isso?
Crenças e valores	Crenças são as idéias que consideramos como verdade e que influenciam nossas ações. Elas podem ou não ser verdade. Todos já tivemos experiências em que achamos que alguma coisa era verdade e, mais tarde, descobrimos que não era. (Papai Noel vem à minha mente.) Contudo, verdade ou não, é nelas que baseamos nossas ações. As crenças podem nos habilitar, por exemplo: "Todas as pessoas possuem os recursos de que necessitam ou podem criá-los". As crenças também podem ser limitadoras, por exemplo: "As pessoas são preguiçosas e indignas de confiança e é preciso vigiá-las constantemente". Valores são as coisas importantes para nós. Juntas, as crenças e os valores respondem à pergunta: *Por que* você faz alguma coisa?
Identidade	Esse é o nível mais profundo e responde à pergunta: *Quem* é você? Que tipo de pessoa você é e qual sua missão na vida?

Eis alguns exemplos de afirmações em diferentes níveis de vendas:

Identidade	Eu sou um bom vendedor.
Crenças e valores	Vender é um trabalho valioso e que vale a pena.
Capacidade	Eu sou bom para descobrir as necessidades do cliente.
Comportamento	Eu consegui um bom *rapport* com meu último cliente.
Ambiente	Na última reunião de vendas, eu me distraí com o barulho do tráfego lá fora.

Como você pode usar isso? Ouvindo o que as pessoas dizem e sendo capaz de agir no nível lógico certo.

Você saberá em que nível a pessoa se encontra ouvindo não apenas o que ela diz, mas também como ela diz.

Eis um exemplo geral — a frase: "Eu não posso fazer isso aqui".

Uma afirmação de identidade é sobre a pessoa e, assim, enfatizaria o pronome: "*Eu* não posso fazer isso aqui".

As crenças e valores determinam aquilo que é possível e importante, assim: "Eu *não posso* fazer isso aqui" expressaria a dúvida da pessoa no nível de crenças.

"Eu não posso *fazer* isso aqui" sugere uma determinada habilidade ou capacidade.

"Eu não posso fazer *isso* aqui" trata de alguma coisa específica.

"Eu não posso fazer isso *aqui*" é sobre o ambiente. Tudo bem fazer em qualquer outro lugar.

Você pode fazer mudanças em qualquer nível lógico e haverá resultados em toda a organização. Quanto mais elevado o nível lógico afetado, maior a mudança organizacional e individual.

Por exemplo, os vendedores podem encontrar dificuldades devido aos equipamentos insuficientes do escritório, portanto, intervenções simples no nível do ambiente, como melhores instalações, auxílio em viagens e melhor informação podem ser muito eficazes. Quando o pessoal falta muito, por motivo de doença, poderia ser uma questão de falta de ânimo ou talvez o ar condicionado.

A cultura de uma empresa é um exemplo interessante de algo que tanto pode ser do ambiente quanto da identidade. Um vendedor pode achar difícil adaptar-se à cultura de uma empresa. O ambiente é bom para ele, embora seja intangível. Contudo, a cultura da empresa também pode ser considerada como a identidade da empresa, o que a torna única. É "o jeito como fazemos as coisas". É fácil perceber intuitivamente a cultura de uma empresa, embora seja difícil influenciá-la diretamente. Pense na diferença de cultura entre a Virgin Airlines e a BA. Ambas são companhias aéreas, mas a semelhança termina aqui. Mas, quando você realmente influencia a cultura de uma empresa, as mudanças são percebidas em toda a companhia, enquanto que uma mudança no ambiente não terá o mesmo efeito.

Alguns vendedores procuram uma mudança no ambiente trocando de emprego, mas levam junto suas crenças e capacidades, garantindo assim a repetição do mesmo problema. Muitas pessoas têm crenças limitadoras a respeito das vendas e não as valorizam. Embora possam vender um produto, relutam em chamar isso de venda. Poucas pessoas afirmam ser vendedoras num nível de identidade. A identidade de uma pessoa está fortemente ligada ao autoconceito e auto-estima.

As habilidades não se manifestarão sem crenças e valores habilitadores para sustentá-las. Mude uma crença e isso terá um efeito sobre muitas habilidades e grande parte do comportamento. Mude o comportamento e isso *pode* ter um efeito nos níveis mais elevados, mas não é muito provável. Geralmente, a mudança de comportamento tem pouco impacto. A mudança de crenças e valores e, particularmente, da identidade, é produtiva, apresentando múltiplos efeitos.

Treinamento

Uma das maneiras de usar favoravelmente esses níveis lógicos é durante o treinamento. Muitos treinamentos em vendas são, justificadamente, olha-

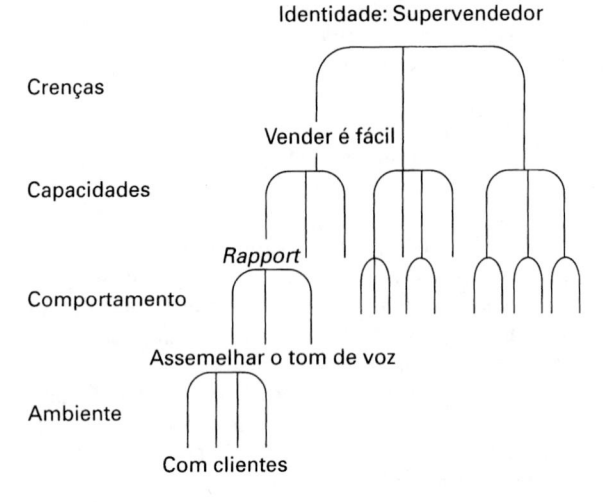

Níveis Lógicos de Gerenciamento

Identidade: Supervendedor

Crenças

Vender é fácil

Capacidades

Rapport

Comportamento

Assemelhar o tom de voz

Ambiente

Com clientes

Figura 10 — Cascata do nível lógico

dos com suspeita e ceticismo. Como mostramos, muitos treinamentos de motivação estão atuando no nível errado. Eles são um curativo de curto prazo para uma doença de longo prazo. Um treinamento eficaz em vendas deve atuar no nível da autoconsciência e congruência; do contrário, é apenas uma outra tentativa de treinar o comportamento externo das pessoas. É um remédio no nível do comportamento para um problema no nível de uma crença ou mesmo de identidade. Para ser eficaz, o treinamento em vendas deve dar atenção para os níveis mais elevados. Essa é uma das áreas fundamentais nas quais a PNL pode realizar uma mudança constante. A PNL não é uma série de técnicas vazias para vender mais produtos.

O treinamento oferece uma mistura de habilidades, atitudes e conhecimento. O conhecimento, por si só, provavelmente não fará muita diferença para os vendedores, que precisam das habilidades e das crenças e valores para utilizá-lo. O treinamento também precisa estar ligado à organização e deve ser avaliado e medido de acordo com critérios preestabelecidos.

O treinamento pode fracassar por diversos motivos. Primeiro, as pessoas erradas podem ser treinadas. Algumas pessoas são inadequadas para as vendas e o treinamento não vai fazer muita diferença para elas. Segundo, o treinamento pode não estar voltado a um objetivo e aquilo que pretende alcançar pode não estar claro. Terceiro, pode não haver medição e avaliação de resultados, individuais e organizacionais. O treinamento pode ser bom ou ruim, mas não há maneira de saber. Finalmente, os treinandos podem não encontrar apoio ao voltarem para o local de trabalho. Um treinamento pode ser considerado como umas pequenas férias ou um mal necessário antes do treinando voltar a fazer o "verdadeiro trabalho". O treinamento organizacional e seus efeitos são analisados detalhadamente no livro *Treinando com a PNL* (ver a Bibliografia).

Projetos de modelagem

"Ele é um vendedor nato." Já ouvimos essa frase muitas vezes. O que ela significa? Ela não pode ser literalmente verdade. Na realidade, ela significa que ele é um excelente vendedor e ninguém (inclusive ele) sabe como ele faz isso. A explicação de um talento inato simplesmente mascara nossa falta de conhecimento. As pessoas muito boas fazem seu trabalho parecer simples, fácil e natural, embora tenham dedicado muito tempo e esforço para desenvolver essa habilidade. O produto final é como um edifício sem os andaimes — parece uma obra assombrosa, mas não poderia ter sido construída sem eles. Os projetos de modelagem descobrem os andaimes para essas habilidades, permitindo que os outros possam usá-los para construir suas habilidades.

Originalmente, a PNL se desenvolveu por meio da modelagem das habilidades de comunicação e influência, e atualmente os projetos de modelagem da PNL são utilizados em educação e negócios. Por exemplo, Robert Dilts realizou um importante projeto de pesquisa com a empresa multinacional Fiat, para identificar as habilidades necessárias à liderança, porque a qualidade dos seus líderes é uma parte fundamental de sua estratégia de desenvolvimento organizacional.

A modelagem pode ser usada de diversas maneiras em venda. Primeiro, pode ser usada para descobrir os padrões utilizados pelos vendedores bem-sucedidos, aqueles que têm sucesso não somente em vendas, mas que também mantêm uma vida equilibrada. Por mais que você avalie habilidades, sempre existem os excelentes realizadores cujos talentos, se pudessem ser compartilhados, fariam uma grande diferença nos resultados organizacionais. O Princípio de Pareto afirma que 80% dos resultados são alcançados por 20% das pessoas em qualquer organização. Que desperdício de possibilidades. Agora, podemos modelar os excelentes realizadores para ver como eles conseguem seus resultados e planejar um treinamento específico para ensinar essas estratégias aos realizadores médios, para que *todos possam fazer aquilo que os melhores fazem.*

Um projeto de modelagem em vendas normalmente envolve uma consulta com a organização, a escolha das habilidades que valem a pena ser modeladas e os melhores realizadores. Alguns procedimentos seriam estabelecidos para que os resultados individuais e organizacionais pudessem ser medidos e o projeto avaliado. O próximo passo seria passar algum tempo com os modelos e observá-los numa reunião de vendas, entrevistá-los e criar um modelo daquilo que eles fazem e que envolve suas crenças e valores, estratégias mentais, metaprogramas e os níveis lógicos em que atuam. Também seria bom entrevistar rapidamente os seus gerentes e alguns dos seus colegas para obter algumas descrições diferentes. A partir daí, poderíamos começar a criar um modelo daquilo que os excelentes realizadores fazem. Os padrões tornam-se mais claros pelas diferenças existentes e, assim, também seria útil entrevistar e observar os vendedores médios e notar o que é diferente naquilo que *eles* fazem. Compare a média com aqueles que se destacam.

A segunda etapa de um projeto de modelagem é testar os resultados. Ensine aos vendedores médios as habilidades que você modelou nos vendedores excelentes e veja a diferença. Utilize os padrões de medição que você já identificou para avaliar as diferenças. Se a avaliação for positiva, então todo o projeto pode ser anotado e implementado em toda a empresa.

O último passo é elaborar um programa de treinamento para ensinar o modelo para toda a força de vendas, em colaboração com os treinadores da organização. Então, é estabelecido um programa de treinamento, para que os treinadores da organização possam treinar toda a equipe de vendas.

O modelo também poderia ser usado no recrutamento de vendedores. Cada modelo será específico à empresa que o solicitou porque a natureza do produto, a extensão do ciclo de vendas e a cultura da empresa significam que um modelo não pode ser simplesmente enxertado em outra empresa na esperança de que funcionará.

A modelagem pode ser utilizada amplamente. Você pode modelar as próprias habilidades usando a PNL, podendo aplicá-las mais amplamente. Geralmente, possuímos habilidades, mas elas parecem ir e vir por vontade própria. A PNL nos permite adquirir algum controle sobre nossas imprevisíveis habilidades.

Finalmente, você pode selecionar modelos — pessoas que continuamente demonstram uma maneira de trabalhar que lhes permite ser elas mesmas, que os outros alcancem seus objetivos e que apóiem ambas as partes para ter sucesso e obter resultados. Esses modelos terão personalidades diferentes, mas, sejam quem forem, eles serão autênticos. Escolha um que lhe agrade. Você pode ser suficientemente sortudo por conhecer alguém assim em sua empresa. Esperamos que os outros o procurem como tal modelo.

CAPÍTULO 18

SUPERVISÃO E REUNIÕES

Supervisão

A supervisão faz parte do gerenciamento de vendas, ou seja, discutir e orientar, ajudar um colega a resolver um problema ou melhorar numa tarefa. Ela pode ser formal ou informal. A boa supervisão ajuda a pessoa a melhorar seu desempenho. Na supervisão são utilizadas muitas habilidades em vendas: fazer boas perguntas, eliciar o que a pessoa deseja e o que é importante para ela. Quando problemas pessoais também são discutidos, a supervisão inclui também o aconselhamento.

Uma sessão de supervisão sem *rapport* é como duas figuras de cartolina com um vidro entre elas. Portanto, sempre obtenha *rapport* em primeiro lugar. A recapitulação para verificar a concordância também é importante. Uma sessão de supervisão deve ser planejada com uma estrutura temporal nítida e combinada, deve ser confidencial e ocorrer sem nenhuma interrupção.

Depois do *rapport*, o próximo passo numa sessão de supervisão é descobrir os objetivos do vendedor. O que ele deseja dessa sessão? Isso pode abranger o que ele deseja do seu trabalho e não está obtendo no momento.

O efeito de uma sessão de supervisão é o mesmo de uma reunião de vendas: ajudar a pessoa a alcançar seu objetivo. Utilize suas habilidades para entrar na segunda posição, para compreender o mundo dela. Após a discussão, se não conseguir um resultado positivo, você sempre pode voltar para a primeira posição e tomar decisões.

O que fazer com alguém cujas "necessidades" não são possíveis? Por exemplo, um cenário comum é o melhor vendedor que deseja ser gerente e que foi recusado em diversas ocasiões. Agora, ele acha que não pode alcançar o cargo de gerente dentro da empresa. Sua atuação como vendedor piorou e ele pode estar procurando uma posição de gerente com um concorrente. (Alguém assim será muito atraente para outra empresa, porque conhece a área.) Talvez você seja gerente de uma pessoa como essa e sabe que a administração já decidiu que uma promoção está fora de questão. Como motivá-la? Descubra o objetivo por trás do objetivo.

"Você quer ser gerente. O que isso lhe daria?"
"*Status*, aqui e em casa."
"E o que o fato de ter *status* lhe daria?"
"Auto-respeito. A sensação de ter chegado a algum lugar."

Talvez você não possa dar a essa pessoa um cargo de gerente. Mas, você pode lhe oferecer mais *status* de maneira diferente, o que lhe proporcionaria o auto-respeito e a sensação de progresso de que precisa.

Use seu conhecimento sobre os níveis lógicos quando estiver treinando e motivando seus vendedores. Quando for adequado, faça elogios e mostre reconhecimento, no nível da identidade: "*Você* é um excelente planejador de contas". Ao apresentar um *feedback* negativo, faça-o no nível do comportamento: "É importante obter *rapport* com os clientes antes de eliciar suas necessidades. Você *não fez* isso com o último cliente. Como posso ajudá-lo para você ter certeza de que o fará no futuro?". Isso corrige o comportamento e não a pessoa.

Aqui, a idéia mais importante é criticar o comportamento e não a identidade.

Críticas

O *feedback* crítico pode ser apresentado de maneira proveitosa. Sua intenção positiva é melhorar o desempenho. A crítica deve ser factual, específica e precisa. Deve referir-se ao comportamento que a pessoa pode modificar.

Se possível, o *feedback* deve ser apresentado logo após o evento. Você deve descrever a situação objetivamente, mostrar seus sentimentos a respeito dela, assumir responsabilidades por esses sentimentos e, então, perguntar a opinião da outra pessoa.

Por exemplo: "Tom, na última reunião com os clientes da empresa XYZ, observei que você interrompeu o cliente em três ou quatro ocasiões. O cliente ficou visivelmente aborrecido. Eu fiquei embaraçado e sinto que você contribuiu para que o resultado do encontro não fosse bom. O que você acha?".

Um exemplo daquilo que você não deve fazer seria: "Você é um idiota. Você interrompeu o cliente durante toda a reunião e nos fez perder esse pedido!".

O plano geral para dar *feedback* negativo é:

• Apresentar suas percepções.
• Descrever o comportamento.
• Descrever as conseqüências indesejáveis.
• Pedir a opinião da pessoa criticada.
• Combinar um futuro curso de ação melhor e obter seu compromisso com ele.

Um *feedback* piegas pode criar ressentimento e não levar a nenhuma mudança. Uma característica dos gerentes que são líderes é que eles podem dar um *feedback* negativo, de tal modo que a outra pessoa ainda se sente apreciada e valorizada.

Você também deve ser receptivo ao *feedback* e manter-se informado sobre o que está acontecendo, mesmo das más notícias. Na Grécia antiga, era prática comum matar os mensageiros portadores de más notícias. Numa cultura onde o mensageiro é censurado, as pessoas deixam de ser mensageiras ou, se forem forçadas, relatarão apenas as boas coisas que estão acontecendo. Assim, a gerência não obtém um quadro daquilo que realmente está acontecendo, mas de como os mensageiros acham que os gerentes gostariam que as coisas fossem. As decisões importantes podem ser tomadas apenas com metade da informação necessária (a síndrome do abrigo de Hitler).

Reuniões

As reuniões podem ser a parte mais produtiva do dia ou a que desperdiça mais tempo. Quer você esteja se reunindo com a gerência da empresa para determinar políticas ou com sua equipe de vendas para decidir estratégias e verificar progressos, há alguns princípios que podem economizar centenas de horas num ano.

A primeira regra é: não faça uma reunião se pode alcançar seu objetivo por telefone, carta ou correio eletrônico.

Se *for* necessária uma reunião, estabeleça antecipadamente seus participantes e a agenda. Limite a reunião às pessoas importantes e que podem tomar decisões. Se uma pessoa importante ou a maioria das pessoas estiver ausente, cancele a reunião.

Vá para a reunião num estado de recursos. Use as âncoras de recursos que você criou (veja a seção sobre autogerenciamento) antes de iniciar a reunião e utilize-as para manter-se num estado de recursos se ela não transcorrer bem. Se a presença de uma pessoa e o som da sua voz afetarem seu estado, essa pessoa, na verdade, é uma âncora negativa para você. Prepare-se para o caso de ter de encontrá-la na reunião. E, por falar nisso, você já pensou no tipo de âncora que você é para os outros? Que sentimentos você elicia em sua equipe de vendas?

Antes de iniciar a reunião, conheça seu objetivo e as evidências que deseja ver, ouvir e sentir, que lhe dirão que o alcançou. Encoraje toda sua equipe de vendas a estabelecer objetivos antes da reunião. Essa única medida economizará muitas horas infrutíferas.

Quando começar, obtenha um consenso sobre um ou diversos objetivos comuns para a reunião e uma estrutura temporal. Deixe claro que a reunião terminará na hora combinada. Escreva o objetivo comum da reunião no *flip chart*, deixando-o constantemente à vista. Por exemplo:

Examinar o estado atual da conta da XYZ, decidir o que precisa ser feito a seguir e distribuir tarefas.

Durante a reunião, use as mesmas habilidades para fazer perguntas que você utiliza nas vendas, para descobrir o que as pessoas desejam, dentro da estrutura do objetivo comum. Use a agenda para desafiar qualquer irrelevância. Mantenha a reunião no curso estabelecido. As contribuições podem ser interessantes, informativas e verdadeiras, e, ainda assim, motivo de distração. Se alguém disser alguma coisa irrelevante, use um desafio como este: "Isso é interessante, mas não vejo como se encaixa no nosso objetivo para essa reunião". Ao dizer isso, faça um gesto com a mão ou com a cabeça na direção do objetivo escrito. Ao fazer isso constantemente, o gesto torna-se uma âncora de relevância. Quando essa âncora estiver estabelecida, você só precisará fazer o gesto para chegar ao ponto desejado. Então, a pessoa que falou deve mostrar de que maneira sua contribuição é relevante. Se não for, mas mesmo assim for importante, vocês podem combinar discuti-la em outra ocasião.

No encerramento da reunião, use a recapitulação para repassar os pontos principais e verificar a concordância. Use o acordo condicional quando necessário: "Se fizermos X e não Y, então a questão estará resolvida?". Distribua as tarefas e verifique se todos sabem o que devem fazer. Você pode fazer uma ponte para o futuro com as decisões, explorando algumas das possíveis consequências.

Delegação

Provavelmente, você delegará tarefas durante uma reunião, transferindo responsabilidades para um subordinado. Isso funciona bem quando utilizado como parte do desenvolvimento de um subordinado ou para diminuir a carga de trabalho do gerente em épocas de grande pressão ou como forma de dar apoio à equipe. Quando utilizada para despejar trabalhos indesejáveis a alguém que não pode dizer "não", para facilitar a vida do gerente, a delegação de tarefas não funciona.

Ao delegar responsabilidades, explique seus motivos e escolha alguém que se beneficiará mais da realização da tarefa. Explique a tarefa e pergunte se a pessoa está disposta e sente-se capaz de realizá-la. Calibre-se com a pessoa para verificar qualquer sinal de incongruência. Se ela disser "sim" mas você perceber que ela está em dúvida, geralmente a melhor atitude é discutir o assunto em particular. Pergunte que tipo de ajuda seria necessária e combinem um método para avaliar o progresso com uma data para sua conclusão.

Sempre que possível, deixe que o subordinado o procure na época da conclusão. Isso lhe dará uma sensação extra de controle e responsabilidade. Jamais diga: "Procure-me se encontrar problemas". As pessoas tendem a não relatar seus fracassos. Se a tarefa for importante e você achar que precisa estar informado do seu progresso, na hora de distribuir tarefas combine a apresentação de relatórios atualizados. Do contrário, seu interesse será considerado como interferência e a tarefa parecerá apenas metade delegada, a responsabilidade sem a autoridade.

Visitas conjuntas

Atender aos chamados com os vendedores é uma das funções mais importantes no gerenciamento de vendas. Infelizmente, esse é um aspecto do trabalho que muitas pessoas preferem esquecer. Num ambiente reativo, uma visita conjunta é uma das tarefas mais fáceis de se adiar para dar lugar a alguma outra coisa. É fácil prometer acompanhar o vendedor em outra visita tão breve quanto possível, mas as visitas conjuntas deveriam ser consideradas como prioridade, planejadas e canceladas somente como último recurso, quando não houver nenhuma outra opção.

A freqüência das visitas conjuntas será influenciada pelo tipo de produto que vocês vendem e pela geografia. O importante é considerá-las como uma parte essencial do gerenciamento e não como alguma coisa para preencher um espaço vazio.

Há muitas razões para fazer visitas conjuntas:

- Ajudar a fechar um acordo de negócios quando o vendedor sentir que um *status* extra fará uma diferença, ou quando simplesmente desejar uma segunda opinião sobre a maneira de lidar com ele.
- Observar a atuação de um vendedor para poder identificar áreas de progresso como parte de um plano de desenvolvimento.
- Ter contato com um vendedor fora do escritório, para criar um relacionamento.
- Manter contato com o mercado.
- Observar métodos de atuação para ensiná-los ao resto da equipe.

Seja qual for seu objetivo, mostre-o para o vendedor, do contrário sua presença pode ser interpretada como um "exame".

Quando você tiver um objetivo para o tempo que vai passar com o vendedor, planeje a visita. Deixe o vendedor orientar o processo de planejamento; é a visita dele. Estabeleça um objetivo e um método para conduzir a visita. Peça detalhes da reunião, onde o cliente e o vendedor estão no processo de vendas. Qual será a evidência de que eles conseguiram aquilo que estavam planejando alcançar? Quais os planos possíveis? E, mais importante, o que o vendedor deseja que você faça quando estiverem no escritório do cliente? É importante que o vendedor especifique seu comportamento e que você o siga. Se o seu objetivo é identificar forças e fraquezas, é inútil assumir o papel central e dizer: "Prazer em conhecê-lo. Eu sou o gerente. Eu conduzirei a maior parte da conversa". Se vocês não concordarem a respeito do seu comportamento, o vendedor pode acabar ficando em segundo plano, esperando que você assuma o controle.

Após a visita conjunta, vocês devem analisar o que aconteceu. Embora suas observações sejam importantes, elas devem vir depois da avaliação do vendedor sobre o que aconteceu. Espere até ele falar. A maioria dos vendedores adorará a oportunidade de mostrar cada pequeno erro cometido. Faça perguntas sobre as coisas positivas e use o tempo para supervisionar.

Ofereça uma mistura de *feedback* e seja específico. É melhor começar com um *feedback* positivo, por exemplo: "Dave, eu realmente gostei da maneira como você lidou com aquele ponto sobre política de preços. Referindo-se a um mínimo de especificações de qualidade e dando um *feedback* ao cliente, você respondeu à questão e, ao mesmo tempo, tranqüilizou o cliente".

Então, dê o negativo, se houver algum. Sempre pergunte ao vendedor o que ele teria feito diferente e, se ele não tiver certeza, sugira uma alternativa. Por exemplo: "Achei seu encerramento bastante fraco. Você poderia ter usado o acordo condicional a respeito da entrega e obtido um mínimo de compromisso".

Apóie o vendedor para identificar os pontos de aprendizagem. Pergunte como ele fará as coisas de maneira diferente na próxima vez. O objetivo da revisão é ajudar o vendedor a melhorar e sentir-se bem em relação ao futuro.

CAPÍTULO 19
DESENVOLVIMENTO ORGANIZACIONAL E APRENDIZAGEM

Mudança e estabilidade

O gerenciamento deve manter uma empresa funcionando e melhorar os negócios. Manter funcionando significa fazer a mesma coisa. Melhorar significa mudar. Portanto, como equilibrar as duas coisas? Tentar as duas ao mesmo tempo, no mesmo nível lógico, pode ser como correr sem sair do lugar, enquanto tenta avançar.

Manter uma empresa de vendas funcionando durante épocas de mudanças exige o gerenciamento do fluxograma de vendas. Você precisa gerenciar, determinar alvos, monitorar o progresso e assegurar a atividade para cada passo no ciclo de vendas, constantemente. Caso ceda à pressão para enfatizar o acordo de vendas antes do que normalmente ocorreria, em prejuízo do contato, apresentação ou demonstração para possíveis clientes, você acabará numa espiral descendente para a reatividade total.

Diferentes produtos e mercados possuem diferentes ciclos de vendas e, portanto, diferentes necessidades de fluxograma. Você precisa avaliar a extensão do ciclo médio de vendas e a queda nos índices de cada uma das etapas ao longo do caminho para planejar no sentido inverso. Seja qual for a extensão do ciclo de vendas, você precisa ter a certeza de que os diferentes tipos de atividades em vendas estão uniformemente distribuídos para evitar uma das maiores dores de cabeça em vendas — os altos e baixos nos resultados.

É difícil introduzir e administrar mudanças numa empresa, porque qualquer organização é um sistema onde todas as peças estão relacionadas. Como muitos remédios, a mudança pode ter efeitos colaterais, geralmente imprevistos, em partes do corpo que nem mesmo estão relacionadas à parte doente original. Assim, um gerente precisa pensar nas conseqüências de longo prazo em tudo o que faz e, para isso, precisa de uma linha temporal com uma representação do futuro distante. Entretanto, para uma atuação diária, um gerente precisa de uma representação do futuro imediato. Se, como gerente, você tende a pensar "no tempo" ou "através do tempo", precisa gerenciar a si mesmo para abranger as duas formas de pensar.

Um sistema justo de recompensas

As estruturas organizacionais têm uma grande influência nos resultados individuais. Um indivíduo nem sempre tem o controle total dos fatores que influenciam o desempenho. Conseqüentemente, muitos líderes na área de Total Quality Management (TQM), particularmente Edwards Deming, argumentam que as recompensas baseadas em comissões são injustas. Como podemos distinguir entre os efeitos sistêmicos e as verdadeiras diferenças individuais? A distinção é quase imensurável.

Raciocinando sistemicamente, as intenções positivas podem ter efeitos colaterais não pretendidos. Pagar comissões aos vendedores pode fazê-los empurrar produtos que o cliente não precisa ou ignorar clientes menores, concentrando-se nos grandes. Nenhum desses resultados faz parte dos interesses da empresa e é improvável que façam parte da intenção para motivar.

À medida que o Novo Bazar se desenvolve, é bastante provável que as vendas baseadas em comissões desapareçam, dando lugar a novos sistemas. Isso já está acontecendo em algumas áreas.

De que outra maneira você pode recompensar as pessoas? Muitas empresas estão lutando com esse problema. Com certeza, a administração e os funcionários têm uma percepção muito diferente de um sistema de compensação. Afinal, não pode haver algo como um sistema de avaliação objetivo. (De qualquer modo, objetivo a partir do ponto de vista de quem?) As remunerações baseadas no mérito precisam de algum tipo de sistema de avaliação. Um sistema de avaliação precisa de padrões e critérios. Mas você os estabelece comparando-os aos valores de quem?

A empresa que aprende

A mudança organizacional ocorre num elevado nível lógico. Geralmente, o tipo de mudança vem de alguns poucos indivíduos importantes que tomam decisões baseados em diferentes valores. Entretanto, uma empresa não melhora seus resultados a não ser que esteja aberta à mudança e à aprendizagem.

Uma empresa que aprende reconhece a importância das pessoas que trabalham nela, apóia seu desenvolvimento total e cria um contexto no qual possam aprender e tornar-se líderes.

Peter Senge, diretor dos sistemas inteligentes e do Programa de Aprendizagem Organizacional da Sloan School of Management, Massachusetts Institute of Technology (MIT), escreve sobre a arte e a prática da empresa que aprende em seu excelente livro *The fifth discipline* (veja Bibliografia). Ele identifica cinco disciplinas principais necessárias para a criação de uma empresa que aprende. A primeira é construir uma visão compartilhada por meio da criação de um conjunto de objetivos e valores que inspirem e motivem todos os membros da empresa. A segunda é a aprendizagem em equipe, como as pessoas formam equipes eficientes. A terceira é chamada de "modelos mentais": as idéias inconscientes de indivíduos e grupos, que moldam seu comportamento e decisões. Neste livro, chamamos essas idéias de crenças e valores. A quarta é o domínio pessoal: o compromisso vitalício de melhorar habilidades. A quinta disciplina do título é o raciocínio sistêmico. Esse tipo de raciocínio focaliza a interconexão de eventos e não a causa e efeito lineares, observando como as conseqüências das decisões administrativas surgem de maneira inesperada no futuro, muito afastadas da decisão original no tempo e no espaço. Algumas vezes, não aprendemos com a experiência porque não relacionamos a causa com a experiência em si. O intervalo de tempo é muito longo. O raciocínio sistêmico pode mostrar como a estrutura de uma empresa pode criar problemas e como as conseqüências de decisões executivas surgem em algum outro lugar do sistema, voltando para criar o problema que pretendiam diminuir.

Um exemplo é como o treinamento motivacional pode tirar o poder dos vendedores, encorajando-os a confiar na motivação externa e afastando-os dos próprios valores e objetivos. É um remédio iatrogênico: um remédio que favorece a condição que afirma curar.

Lidando com a mudança

Chega de teoria. Como gerente, o que você pode fazer para criar um ambiente de apoio para si mesmo e para os outros?

Já falamos sobre gerenciar pelos valores, reconhecendo e valorizando cada vendedor. Você pode preparar as pessoas para serem auto-suficientes; elas assimilarão seu estilo proativo e quanto mais fizerem isso, menos você precisará gerenciá-las. Transfira conhecimentos igualmente, compartilhe idéias através do diálogo e discussões. Seja receptivo ao *feedback* e disposto a aceitar pontos de vista diferentes.

Ressignifique os erros como progresso e experiências de aprendizagem essenciais ao progresso. O exemplo típico é a história do vendedor de uma grande empresa de computadores que estava lidando com um grande cliente. Ele quase conseguiu fechar o acordo, e, então, cometeu um erro óbvio, esqueceu-se alguma informação importante e perdeu a venda. Seu erro custou à empresa diversos milhares de libras. Ele foi chamado pelo gerente.

"Suponho que você vá me despedir", ele disse.

"É claro que não", disse o gerente. "Acabamos de investir milhares de libras em seu treinamento improvisado. Cometa o mesmo erro novamente e nós o despediremos."

Em qualquer empresa haverá um equilíbrio entre trabalho e relacionamento. Bons relacionamentos apóiam o bom trabalho. Um gerente de vendas de uma pequena indústria estava preocupado com o relacionamento entre os membros de sua equipe. Eles raramente ficavam juntos, nunca pareciam compartilhar suas experiências e estavam ficando cada vez mais isolados. Os resultados estavam diminuindo. Ele fez um movimento muito simples no nível do ambiente: comprou uma geladeira e a instalou num dos cantos do escritório. Logo a geladeira tornou-se um local onde as pessoas tomavam café e ficavam conversando e fofocando. Um mês depois, a geladeira tornou-se um local de encontro. O ambiente no escritório melhorou. O estado de espírito começou a melhorar, assim como os resultados. O gerente conseguiu resistir às tentativas da administração para tirar a geladeira porque achava que "os vendedores ficavam o dia inteiro fofocando em volta dela em vez de trabalhar...".

Não é fácil introduzir o tipo de gerenciamento do Novo Bazar se o local de trabalho for dominado pelo gerenciamento externo do tipo "afastamento", ou "Átila, o Huno", decidido a aterrorizar a equipe para que ela venda quantidade sem levar em consideração a necessidade. Isso não pode ser feito de uma só vez. Acompanhe a realidade atual antes de conduzir. As pessoas precisam sentir-se seguras antes de começarem a segui-lo. Este não é um mundo ideal e a base dos negócios são os resultados. Para influenciar a administração você precisa obter bons resultados.

Como fazer isso? Usando exatamente as mesmas habilidades para influenciar que usa para gerenciar sua equipe de vendas, mas cujo objetivo é diferente. Afirme sua identidade de gerente, e apresente suas idéias visando a uma mudança no nível de comportamento, o que trará melhores resultados. Conheça os valores das pessoas que deseja influenciar. Torne-se a pessoa que apresenta bons resultados para ser uma âncora de boas notícias. Crie *rapport* e construa alianças para criar uma situação em que todos vençam.

O modelo de gerenciamento no Novo Bazar é a liderança baseada em crenças e valores habilitadores. As habilidades de comunicação, influência e modelagem da PNL proporcionam os meios para conseguir isso. Nós, os autores, somos idealistas práticos. Não estaríamos apresentando esses modelos e essa abordagem, escrevendo, treinando e consultando, se não nos sentíssemos congruentes de que eles funcionam e se não os tivéssemos visto funcionando.

Há um ditado em PNL: "Se você sempre faz o que sempre fez, sempre conseguirá aquilo que sempre conseguiu". Esperamos ter demonstrado convincentemente as desvantagens do Antigo Bazar e o valor do Novo Bazar para você considerar que vale a pena fazer mudanças.

PARTE CINCO

AÇÃO

Habilidades para o novo bazar

Se as idéias deste livro lhe interessam, é provável que você esteja ansioso para colocá-las em prática. Eis uma série de exercícios práticos para ajudá-lo. Alguns estão diretamente relacionados às vendas, outros indiretamente. Todos eles visam criar as habilidades abrangidas nas páginas anteriores. Sugerimos que você use todos esses exercícios. Alguns serão fáceis, outros mais difíceis. Sugerimos que, primeiramente, você siga a seqüência sugerida. Comece de onde você está, seu estado atual. Progrida no seu ritmo. Num ritmo confortável, os exercícios levarão entre um mês e seis semanas. Não há maneira "certa" ou "errada" de fazê-los. Simplesmente, observe seus resultados. Faça um resumo do seu progresso e dos resultados.

Você pode criar um programa equilibrado das habilidades que aprecia, aquelas nas quais deseja se aprofundar mais e aquelas que proporcionam melhores resultados. Se desejar, faça uma combinação de exercícios. Há sugestões a esse respeito.

Alguns destes exercícios são usados em nossos treinamentos em vendas. Uns exigem mais prática e persistência do que outros, e o apoio proporcionado por um treinamento pode fazer diferença.

Aviso
Sempre que possível, pratique primeiramente essas habilidades numa situação social com amigos e colegas. Só as utilize com clientes quando se sentir confiante e à vontade com elas.

I. Sua situação atual

Esta primeira seção é para mostrar de onde você está começando, para explorar o que você deseja e o que é importante para você.

Se você não sabe de onde está começando é difícil mapear seu curso para um futuro desejado. Se você não sabe o que deseja, jamais conseguirá.

1. Faça a experiência da página 132 se ainda não fez. Sem pensar muito, complete as seguintes frases:
Vender é como...
Então eu sou...
Eu gostaria que vender fosse como...
Então eu seria...

2. Relacione até dez características que você realmente gosta no seu trabalho.
Agora use o dinheiro como uma medida do valor que você lhes confere.

Pergunte-se: "Se eu tivesse que desistir de [característica] em meu trabalho, quanto pediria a mais no meu salário como compensação?

Coloque um número ao lado de cada uma das características escolhidas. Eles servirão de guia para aquilo que você considera importante no seu atual trabalho.

Calcule o total.

Agora, relacione até dez características do seu trabalho que você gostaria de mudar.

Pergunte-se: "Quanto quero receber a mais no salário como compensação, se essas características sempre permanecerem?"

Isso lhe dará uma indicação dos seus valores de "afastamento" a respeito do seu trabalho atual.

Calcule o total.

Se o primeiro total for maior do que o segundo, você considera os benefícios mais importantes do que as desvantagens.

Se o primeiro total for menor do que o segundo, você considera as desvantagens mais importantes do que os benefícios.

3. Descubra como você organiza o tempo — a sua linha temporal (ver página 57:

Pense em alguma coisa que você fez no passado distante.
Pense em alguma coisa que você fez ontem.
De que direção elas vêm?

Pense em alguma coisa que você planeja fazer amanhã.
Pense nos seus planos de longo prazo para o futuro.
De que direção eles vêm?

Observe como as lembranças do passado estão ligadas por uma linha aos planos para o futuro. Essa é sua linha temporal.

Onde você vivencia o "agora"?
Se ele estiver à sua frente, você é uma pessoa "através do tempo".
Se ele estiver dentro do seu corpo você é uma pessoa "no tempo".

4. Faça o exercício da página 136 para explorar seu principal objetivo profissional.
Preste muita atenção:

Aos recursos que você tem ou pode criar.
Na evidência que precisa para saber que alcançou o objetivo.
Nas conseqüências mais amplas em sua vida ao alcançá-lo.

5. Faça o exercício da página 143-4 para explorar seus principais valores profissionais.

Classifique-os.
Quais suas regras para satisfazê-los?

---

2. O seu produto

Estas perguntas são para você conhecer seu produto tão bem quanto possível, para que possa ser congruente de que ele atende às necessidades do cliente.
1. Faça uma lista das perguntas mais difíceis que poderiam lhe fazer a respeito do seu produto e pense em respostas que o satisfaçam.

2. Pense em seu produto ou serviço e relacione suas características e vantagens:

Que problemas ele soluciona?
Que pessoas, provavelmente, têm esses problemas?
Quem jamais usaria seu produto?
O que mais deve ser verdade a respeito de uma pessoa para ela ter necessidade do produto?
Que outros produtos ela precisaria ter?
Que outros problemas ele resolveria?
Se o seu atual mercado desapareceu, como você poderia evitar sair do negócio?

3. Crie o perfil do seu cliente ideal (ver página 66).
Crie o perfil do seu cliente problemático (ver página 66).

4. Descreva seu produto:
usando principalmente palavras visuais;
usando principalmente palavras auditivas;
usando principalmente palavras cinestésicas (sentimentos).
Descreva o produto em qualquer uma dessas maneiras, ou com uma mistura das três.

5. Faça uma lista dos bons pontos de similaridade do seu produto com os outros do mercado.
Então, faça uma lista de como seu produto difere daqueles do mercado.
Conheça as duas listas para poder apresentar as duas opiniões para os clientes.

---

3. O telefone

Estes exercícios garantirão um bom *rapport* ao telefone. Eles também oferecem as habilidades que você precisa para acompanhar e conduzir um cliente zangado ou difícil a um estado mais razoável (ver página 78). Esta seção também mostra como assemelhar a voz e criar *rapport* facilmente quando estiver face a face com os clientes.

1. Comece a observar como a voz das pessoas se modifica quando elas estão falando com pessoas diferentes ao telefone. Veja se observando a voz você pode adivinhar com quem elas estão falando.

2. Experimente assemelhar o volume geral da voz das pessoas com quem conversa ao telefone. Observe se a conversa flui mais suavemente. Observe se isso é fácil para você.
Quando se sentir confortável assemelhando, atenda a um telefonema fácil e, assim que obtiver *rapport*, comece a diminuir o volume da sua voz. Observe se a pessoa o segue. Se ela o seguir, vocês têm um bom *rapport*, e você acompanhou sua voz, tornando-se capaz de conduzir. Se ela não o seguir, volte a acompanhar.

3. Experimente assemelhar a velocidade da fala. Quando se sentir confortável, atenda a um telefonema e procure conduzir a pessoa para um ritmo mais lento, diminuindo o ritmo da própria voz.

4. Assemelhe o volume e a velocidade ao mesmo tempo. Depois de assemelhar, acompanhe e conduza a pessoa para um tom de voz mais lento, mais suave (ou mais alto e mais rápido, se preferir).

5. *Experimente dessemelhar o volume e a velocidade no final de um telefonema. Decida quando deseja encerrar a conversa e acelere a voz, falando ligeiramente mais alto. Observe se a outra pessoa faz o mesmo e encerra a conversa. Se ela não o fizer, então você pode usar palavras como "Eu preciso ir agora, mais tarde conversamos..." etc.*
6. **Mantenha registros dos seus telefonemas durante uma semana (ver página 76)**

---

4. Organizando seu trabalho

Faça o exercício da página 51 durante uma semana.
A partir de uma linha através do tempo:
• estabeleça objetivos;
• priorize;
• divida-os em tarefas.

---

5. Rapport

O *rapport* é uma das habilidades mais importantes no Novo Bazar. O nível da sua habilidade para obter *rapport* é um reflexo direto do nível do seu sucesso em vendas.

Comece esses exercícios em situações nas quais você se sente confortável. Não os utilize com clientes até se sentir pronto. A princípio, você pode ficar constrangido. Isso acontece porque você está se tornando consciente das habilidades que normalmente são inconscientes, para melhorá-las — como nos esportes, um treinador as analisaria e o tornaria consciente daquilo que você já faz para poder tornar-se melhor.

Lembre de que as habilidades para obter *rapport* não têm valor se você não estiver interessado na outra pessoa. Elas fluem do seu desejo de estabelecer uma ligação.

Linguagem corporal

1. Observe os colegas que possuem boas habilidades para obter rapport. *O que eles fazem? Pergunte o que eles acham que fazem para ter sucesso com os clientes. Aquilo que eles descrevem combina com o que você observou?*

2. Observe a linguagem corporal dos colegas enquanto eles falam em reuniões ou em conversas. Eles reproduzem a linguagem corporal? Observe pessoas estranhas conversando; saia para observar. Você vê pessoas assemelhando a linguagem corporal? Você poderia apontar as pessoas que estão tendo sucesso na conversa, apenas observando sua linguagem corporal, sem ouvir as palavras?

Respeitosamente, comece a assemelhar a postura geral e a velocidade dos gestos com amigos e colegas. Note qualquer diferença que isso faz na conversa. Você também pode experimentar dessemelhar esses dois aspectos da linguagem corporal. Observe se isso faz diferença no fluxo da conversa. (Aviso: isso pode deixar as pessoas desconfortáveis, se você insistir. No final, volte a assemelhar.)

3. Reproduza a quantidade de contato visual usado por colegas e clientes. Se eles fizerem muito contato visual, faça também. Se eles forem moderados, seja também.

Tom de voz

Quando se sentir confortável assemelhando o tom de voz em conversas por telefone, assemelhe o volume e velocidade da voz com amigos e colegas em conversas face a face. Quando se sentir confiante, comece a assemelhar a voz com clientes escolhidos, em reuniões face a face. Observe os resultados obtidos.

Falando a linguagem do cliente

Os próximos exercícios têm três objetivos:
1. Descobrir suas maneiras preferidas de pensar e falar: o que você faz naturalmente.
2. Sensibilizá-lo para a maneira de falar e pensar do seu cliente.
3. Habilitá-lo a responder ao cliente na sua maneira preferida, para criar rapport *e compreensão.*

Você estará falando na linguagem do cliente. Ele o compreenderá e, então, reagirá a você mais facilmente.

Estando consciente dos predicados
1. Ver o exercício da página 92 sobre tornar-se consciente dos próprios padrões preferidos de linguagem.

Fale durante cerca de cinco minutos sobre seu trabalho, grave o que você diz e depois ouça. Observe os predicados que você usa. Há uma mistura deles ou você favorece um ou dois sistemas? Se você favorece um sistema, obterá um bom *rapport* e será capaz de influenciar seus clientes a usá-lo. Você influenciará menos os clientes que favorecem outro sistema.

Ouvindo os predicados

2. Durante o dia, ouça cuidadosamente um amigo ou colega e observe que tipo de predicados ele usa. Ele usa palavras visuais, auditivas ou cinestésicas?

Respondendo com predicados

3. Durante uma conversa com um amigo ou colega, observe os predicados que ele usa e responda com um predicado do mesmo sistema representacional. Por exemplo:
Colega: "Vejo que a conta da Jones está se *iluminando*".
Você: "Sim, ela tem um futuro *brilhante*".

Para começar, dê respostas simples. Depois de ter reproduzido o predicado, se quiser, deixe isso de lado durante o resto da conversa.

Movimentos oculares

(Ver a página 107)
Estes exercícios irão ajudá-lo a se tornar consciente dos sutis movimentos oculares que as pessoas fazem enquanto pensam. Depois de percebê-los, eles se tornam óbvios.

Você os utilizará para descobrir como os clientes estão pensando e para harmonizar suas palavras e sua proposta com o jeito que eles acham mais fácil valorizar. Observar os movimentos oculares também faz parte da calibração — enxergar os sinais não verbais individuais que indicam determinados estados como interesse, tédio, disposição para comprar etc.

1. Observe as pessoas nas entrevistas pela televisão. Observe particularmente quando alguém lhes faz uma pergunta. Que movimentos oculares elas estão fazendo? Que movimentos oculares elas preferem? Você pode encontrar qualquer ligação entre um movimento ocular e as palavras que elas dizem? Por exemplo, elas olham para baixo e para a direita quando estão sentindo uma emoção ou logo antes de falar sobre um sentimento? Elas olham para cima e desfocalizam os olhos antes de descrever alguma coisa que viram?

2. Peça a um amigo ou colega para descrever alguma coisa (férias, uma reunião) e observe seus movimentos oculares. Você pode ver uma ligação entre seus movimentos oculares e aquilo que ele está descrevendo?

3. Quando se sentir confortável com sua habilidade para observar os movimentos oculares, converse com um colega ou um amigo. Quando ele fizer um movimento ocular visual, inclua uma palavra ou frase visual na sua próxima resposta. Geralmente, é mais fácil notar os movimentos oculares visuais. Quando estiver pronto, aplique os mesmos princípios nos movimentos oculares auditivos e cinestésicos.

4. Quando estiver confortável fazendo isso com seus amigos e colegas, comece a observar os movimentos oculares dos clientes. Responda com predicados relacionados àquele movimento ocular.

6. Objetivos, valores e decisões dos clientes

1. Ouça seus clientes enquanto eles descrevem sua necessidade. Eles estão predominantemente se afastando de um problema ou buscando uma solução?

2. Use as perguntas-chave para eliciar os critérios e regras do cliente, se ainda não tiver feito isso (ver página 102)

O que você quer num...?
O que... significa para você?

3. Descubra a estratégia de decisão do cliente perguntando: "Como você decidirá se... serve para você?".

Observe a resposta. Provavelmente, ela será uma das seguintes:

"Parece bom."
"Soa bem."
"Parece certo."
"Faz sentido."

4. Descubra a estratégia de compra do cliente perguntando: "Como você comprou seu último...?"

5. Depois de cada reunião anote:

De que o cliente está se afastando?
O que o cliente deseja alcançar?
Qual dessas duas coisas é mais importante?
Quais são os critérios importantes que seu produto precisa atender?
Quais as regras para que esses critérios sejam satisfeitos?

---

7. Recapitulando

(Ver página 85)
1. Peça a um amigo ou colega para descrever uma experiência agradável. Observe as palavras que ele usa. Diga o que você está fazendo. Torne a experiência um jogo. Diga que você vai descrever a experiência dele de duas maneiras diferentes e quer saber qual ele prefere.

Primeiro, conte a experiência para ele e substitua as palavras importantes para ele por palavras importantes para você. Então, recapitule o que ele disse usando as palavras-chave que ele usou. Pergunte qual descrição ele prefere.

2. Quando se sentir pronto, ouça e observe que palavras o cliente usa para descrever seus valores e regras.

Recapitule esses valores e regras usando exatamente as mesmas palavras. Observe se isso aumenta o rapport.

8. Pontos de vista diferentes

1. Pense em determinada venda da qual você se orgulha. Imagine de novo a venda a partir do seu ponto de vista. Veja novamente o cliente, o melhor que puder. Ouça novamente algumas das coisas que ele disse, o melhor que puder.

Agora, imagine como a venda foi considerada do ponto de vista do cliente. Imagine estar olhando para si mesmo a partir da perspectiva do cliente, ouvindo a própria voz e respondendo a ela como se fosse o cliente.

Imagine que você agora está fora da situação, numa posição de onde pode ver você e o cliente falando. Ouça as duas vozes.

Qual desses pontos de vista foi o mais fácil?
Qual o mais difícil?

2. Escolha um amigo ou colega a cada dia e durante uma parte do tempo que você passa com ele, imagine como são as coisas a partir da perspectiva dele. Como ele está se sentindo? O que ele deseja?

Então, fique consciente da própria posição. Como você está se sentindo? O que você deseja?

Adote uma visão neutra. Como vocês estão se relacionando?

3. Quando se sentir confiante, faça isso com um cliente. Como ele está se sentindo? O que ele deseja?

Conscientize-se de sua própria posição. Como você está se sentindo? O que você deseja?

Então, adote uma visão neutra. Há uma semelhança entre aquilo que o cliente precisa e o produto ou serviço?

9. Reuniões

1. Crie uma âncora de recursos que você possa usar em qualquer reunião (ver páginas 158-9).

2. Use o plano de preparação para a reunião (ver página 156).

3. Mentalmente, faça um relatório daquela reunião (ver página 160). O que você aprendeu nela? Você conseguiu mais do que geralmente consegue?

10. CONGRUÊNCIA

Finalmente, algumas maneiras de explorar a congruência, seu alinhamento e equilíbrio interior. Essa é sua qualidade pessoal mais forte como vendedor.

1. Durante alguns minutos, lembre-se de ocasiões em sua vida, pessoal e profissional, nas quais você tenha sido extremamente eficaz, sentindo-se verdadeiramente você. Quais as principais características dessas ocasiões?

2. Mentalmente, analise todas as suas forças e recursos como vendedor profissional, todas as coisas a seu respeito que você deseja melhorar para criar uma auto-imagem profissional ideal.

Da mesma maneira, analise e reconheça todas as coisas a seu respeito que não se encaixam mais na sua auto-imagem profissional e veja se as modificaria agora ou não.

3. Se você precisasse resumir sua missão numa frase, qual seria essa frase?

4. Crie seu sinal de congruência (ver a descrição do processo na página 155). Use-o antes de reuniões de vendas para verificar se você está bem preparado.

Exercício de alinhamento profissional

Eis um poderoso exercício para criar seus recursos e sua congruência. Ele o levará através dos níveis lógicos da PNL. Você pode fazê-lo mentalmente, mas ele é mais poderoso se você puder, fisicamente, avançar passo a passo, e é assim que descreveremos o processo.

Você vai mover-se fisicamente, como uma maneira de explorar diferentes partes de si mesmo. Faça este exercício num local em que possa ficar sozinho durante cerca de dez minutos.

- *Fique em pé num local em que você possa dar cinco passos para a frente. Pense no seu ambiente de vendas. Você pode pensar no seu escritório ou no dos seus clientes. Onde você está? Quem está com você? Que produtos e folhetos você tem? Quando você trabalha e durante quanto tempo?*
- *Dê um passo à frente. Esse é o próximo nível, no qual você pode explorar seu comportamento. O que você está fazendo? Pense nos seus movimentos, ações e pensamentos.*

- *Dê um passo à frente. Analise como aquilo que você faz se incorpora às suas habilidades em vendas. Que habilidades você possui? Pense nas suas habilidades para obter* rapport, *fazer perguntas e analisar necessidades. Que capacidades você leva para essa situação? As habilidades são simplesmente ações constantes que, com o tempo, trazem os resultados que você deseja.*
- *Dê um passo à frente e reflita sobre suas crenças e valores relacionados às vendas. Por que você vende? Eis algumas perguntas para focalizá-lo nessa área:*

As vendas lhe dão aquilo que você deseja?
Em que você acredita a respeito de si mesmo como vendedor?
Em que você acredita a respeito dos seus clientes?
O que poderia impedi-lo de ser o melhor vendedor?
O que significa uma "boa" venda?
O que você considera valioso nas vendas?
De que você teria que desistir se parasse de vender?
O que é importante para você nas vendas?
Em que você acredita a respeito dos produtos que vende?

Leve o tempo que precisar para chegar às respostas que o satisfaçam.

- *Você não é aquilo que faz ou mesmo aquilo em que acredita. Dê novamente um passo à frente e pense em sua personalidade e identidade únicas.*

Qual sua missão na vida?
Como as vendas estão ligadas a ela?
Quem é você?

Perceba a si mesmo e àquilo que deseja realizar no mundo. Se houvesse um grande trabalho que você pudesse fazer nessa vida, qual ele seria?

- *Agora dê um último passo à frente. Pense em como você está ligado a todos os outros seres humanos e a qualquer coisa que acredite estar além de sua vida. Muitas pessoas chamam isso de reino espiritual. Você pode ter crenças religiosas ou uma filosofia pessoal. Leve o tempo que precisar para perceber o que isso significa para você. Trata-se de saber como você, pessoa única, está ligada aos outros.*

- *Ainda sentindo essa ligação com os outros, volte pelo mesmo caminho por que veio. Leve com você essa sensação de ligação enquanto entra no seu nível de identidade. Observe a diferença que isso faz.*

- Agora leve essa percepção aumentada de quem você é e de quem pode ser e entre em suas crenças e valores. O que é importante agora? Em que você acredita agora? O que você quer que seja importante? Em que você deseja acreditar? Quais as crenças e valores que expressam sua identidade?

- Leve com você essa nova percepção e entre no nível da habilidade. Como suas habilidades se transformaram e aprofundaram? Como você pode usar suas habilidades da melhor maneira possível? Como você pode agir para expressar o alinhamento que sente?

- Entre no nível do comportamento. Como essa autoconsciência se manifestará naquilo que você faz?

- Finalmente, entre no ambiente de vendas. Ele fica diferente quando você leva para ele os níveis do seu ser? Algumas vezes, ficamos presos no nível do ambiente e do comportamento, fazendo as mesmas coisas, com as mesmas pessoas, nos mesmos lugares. Você é mais do que isso. Observe como você se sente diferente com relação ao lugar onde se encontra, com essa clareza e profundidade maiores dos seus valores, propósito e senso de ligação.

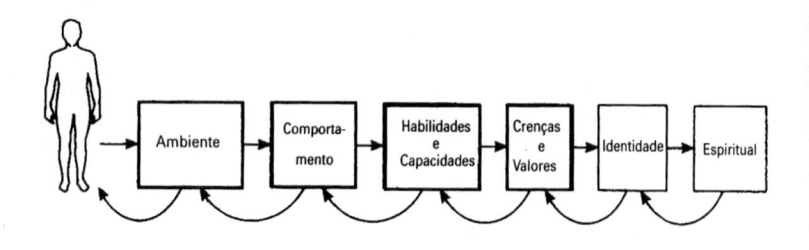

Figura 11 — Nível lógico em vendas

PARTE SEIS

RECURSOS

GLOSSÁRIO

PNL e vendas

ACOMPANHAR — Juntar-se à realidade dos outros e criar *rapport* antes de começar a conduzir para outro lugar. Você pode acompanhar em qualquer nível, desde o comportamental até o dos valores e crenças.

ACORDO CONDICIONAL — Fechar uma venda ou transação, desde que determinadas condições sejam atendidas. Ela assume a forma de: "Se [condição] fosse atendida, então teríamos um acordo?".

AMBIENTE — Os lugares, pessoas, coisas, fora de você. Um dos níveis lógicos.

ÂNCORA — Qualquer estímulo associado a determinada resposta. As âncoras podem ocorrer naturalmente; por exemplo, o hino nacional ou a luz vermelha do semáforo. Elas também podem ser criadas intencionalmente; por exemplo, você pode associar uma frase ou um gesto às vantagens de um produto.

ANCORAGEM — Fazer uma associação entre um estímulo e uma resposta.

ANCORAGEM DE RECURSOS — O processo para trazer estados de recursos ao momento presente.

ANTIGO BAZAR — Cultura em vendas onde a profissão de vendas é menosprezada e as vendas são manipuladoras.

ASSEMELHAR — Adotar alguns aspectos do estilo de comunicação de outra pessoa com o objetivo de criar *rapport*; por exemplo, assemelhar sua postura. Assemelhar não é imitar, que é a cópia exata, consciente, do comportamento de outra pessoa.

ASSOCIADO — Estar dentro de uma experiência, enxergando-a com os próprios olhos e vivenciando-a plenamente.

ATRAVÉS DO TEMPO — Estar fora do "agora" em sua linha temporal.

AUDITIVO — Relativo ao sentido da audição.

BAZAR ELETRÔNICO — Usar a tecnologia para combinar cliente e produto, sem a presença do vendedor.

CALIBRAR — Perceber exatamente o estado interno de outra pessoa, lendo os sinais externos não-verbais; por exemplo, calibrar com os sinais de interesse do cliente.

CAPACIDADE — Uma habilidade, uma estratégia bem-sucedida para executar uma tarefa. Um dos níveis lógicos.

CINESTÉSICO — Relativo aos sentidos, incluindo o tato, as emoções e o senso de equilíbrio.

COMPORTAMENTO — Usado em PNL para descrever nossas ações. Ele inclui os processos de pensamento. O comportamento também é um dos níveis lógicos.

COMPORTAMENTO EXTERNO — Aquilo que você faz e diz, expressando seu estado interno.

CONDUZIR — Modificar o próprio comportamento com suficiente *rapport* para que a outra pessoa acompanhe.

CONGRUÊNCIA — Quando todas as partes da sua comunicação estão continuamente transmitindo a mesma mensagem. Isso inclui comportamento, palavras, tom de voz e linguagem corporal — "que as ações confirmem as palavras". É também quando todas as suas partes trabalham juntas em direção a um objetivo ou resultado.

CRENÇAS — As generalizações que fazemos sobre nós mesmos, os outros e o mundo. As crenças agem como profecias auto-realizadoras que influenciam todo nosso comportamento. Um dos níveis lógicos.

CRITÉRIOS — O que é importante para você em determinado contexto, como você utiliza um valor.

CRITÉRIOS EQUIVALENTES — O que precisa acontecer para que os critérios sejam atendidos e as regras para seu cumprimento.

DERROTA-DERROTA — Qualquer situação em que nenhuma das partes alcança seu objetivo nem tem seus valores atendidos.

DERROTA-VITÓRIA — Uma situação na qual o vendedor faz uma concessão ao cliente, em que quem se beneficia é o cliente, não o vendedor. A não ser que se tenha muito cuidado, geralmente acaba numa situação derrota-derrota.

DESAFIO DE RELEVÂNCIA — Perguntar de que maneira uma afirmação ou comportamento específico está ajudando a alcançar um objetivo estabelecido.

DESSEMELHAR — Adotar padrões de comportamento diferentes dos de outra pessoa para redirecionar uma reunião ou conversa.

DIÁLOGO INTERNO — Falar consigo próprio, sem expressar as palavras audivelmente.

ELICIAR — A habilidade de evocar comportamentos dos outros, incluindo comentários, perguntas, objetivos, estados, habilidades e capacidades. Pode ser feita verbalmente ou não.

ESPELHAMENTO CRUZADO — Acompanhar a linguagem corporal de uma pessoa com um movimento diferente, por exemplo, mover a mão no ritmo da sua fala.

ESTADO DE RECURSOS — Uma combinação de pensamentos, sensações e fisiologia que torna qualquer tarefa mais fácil e agradável.

ESTADO EMOCIONAL — Também chamado simplesmente de "estado" ou "estado interno". É o conjunto de todos os nossos pensamentos e sentimentos e, geralmente, é percebido como uma emoção dominante.

ESTRATÉGIA DE DECISÃO — Como um cliente decide comprar, a seqüência de pensamentos e sentimentos que ele experimenta.

ESTRUTURA DE CULPA — Dar controle e responsabilidade aos outros para que, se alguma coisa não der certo, a culpa seja deles.

IDENTIDADE — Auto-imagem ou autoconceito. Quem as pessoas acham que são. Um dos níveis lógicos.

INCONGRUÊNCIA — Um estado com dúvidas ou considerações que podem ser conscientes ou inconscientes. O conflito interno será expresso no comportamento externo.

INFLUÊNCIA — Nossas palavras e ações, inevitavelmente, afetam os outros. Influência é usá-las para conseguir uma situação em que ambas as partes ganham. Ela pode ser premeditada ou espontânea. É universal e o propósito de qualquer interação.

INTENÇÃO POSITIVA — O propósito positivo subjacente a qualquer comportamento é aquilo que ele proporciona à pessoa que o demonstra, e que é importante para ela na sua realidade.

LINGUAGEM CORPORAL — O maior canal de comunicação: inclui sua aparência, o jeito de se vestir, a postura, os gestos e os movimentos.

LINHA DO TEMPO — A forma como subjetivamente representamos o tempo como uma linha do passado para o futuro. Uma pessoa pode estar "no tempo" quando está no "agora" e a linha passa pelo seu corpo, ou "através do tempo", quando o "agora" na linha é percebido como se estivesse fora de seu corpo.

MANIPULAÇÃO — Manipulação é a tentativa de criar um objetivo que a outra pessoa percebe ser às custas dela, durante ou logo após a interação. No curto prazo, a manipulação cria um resultado vitória-derrota. No longo prazo é derrota-derrota.

METÁFORA — Comunicação indireta por meio de uma história ou figura de linguagem, implicando uma comparação.

METAPROGRAMAS — Filtros sistemáticos e habituais que aplicamos à nossa experiência, geralmente inconscientes. Por exemplo, sentir-se motivado por recompensas em vez de afastar-se de conseqüências desagradáveis.

MODELAGEM — Em PNL, usada para o processo de descobrir os pensamentos e ações que permitem a alguém executar uma tarefa. A modelagem é a base da PNL e da aprendizagem acelerada.

MOVIMENTOS OCULARES — Os movimentos relacionados ao que estamos pensando ou ao sistema representacional que estamos usando; visual, auditivo ou cinestésico. Algumas vezes chamados de "movimentos oculares laterais"(MOL) ou "pistas de acesso visual".

NEGOCIAÇÃO — A habilidade para negociar diferenças e obter um acordo vitória-vitória.

NÍVEIS LÓGICOS — Também conhecidos como "níveis neurológicos de experiência": ambiente, comportamento, capacidade, crença e identidade.

NÍVEIS NEUROLÓGICOS — Veja Níveis lógicos.

NO TEMPO — Estar associado ao "agora" em sua linha temporal.

NOVO BAZAR — Uma cultura em vendas dominada pelo relacionamento, integridade e influência para obter um resultado vitória-vitória.

PROPÓSITOS — Os resultados que você deseja e planejou. Também chamados de "resultados" ou "objetivos". Em PNL um objetivo deve ser afirmado no positivo, especifica a participação da própria pessoa para alcançá-lo, é suficientemente específico, baseia-se em evidências sensoriais e verifica conseqüências imprevistas.

OPERADORES MODAIS — Um termo lingüístico para regras ou possibilidades. "Poder", "não poder", "dever", "não dever", "precisar" e "não precisar" são operadores modais.

OUTFRAMING — Dar a uma situação ou evento um significado que lida antecipadamente com determinadas objeções: por exemplo, um produto tem um preço mais elevado do que o dos concorrentes para financiar pesquisas e desenvolvimento e manter um nível elevado de serviço ao consumidor.

PONTE PARA O FUTURO — Ensaio mental — imaginar estar fazendo alguma coisa ou tendo um produto numa situação futura desejada.

POSIÇÃO PERCEPTIVA — O ponto de vista que adotamos num determinado momento. Pode ser nosso próprio ponto de vista (primeira posição), o ponto de vista de outra pessoa (segunda posição) ou o de um observador objetivo (terceira posição).

PREDICADOS — Palavras baseadas nos sentidos que indicam o uso de determinado sistema representacional.

PRESSUPOSIÇÃO — Algo que deve ser considerado como certo para que um comportamento ou afirmação faça sentido.

PRIMEIRA POSIÇÃO — Perceber o mundo a partir do próprio ponto de vista e estar em contato com a própria realidade. Uma das três posições perceptivas. As outras são a segunda e a terceira posições.

PROATIVO — Iniciar a ação. Uma distinção do metaprograma.

PROGRAMAÇÃO NEUROLINGÜÍSTICA — O estudo da excelência e o modelo de como as pessoas estruturam sua experiência.

QUALIDADE DA VOZ — O segundo canal de comunicação e influência mais importante nas apresentações.

RAPPORT — O processo de construir e manter uma relação de confiança e compreensão mútuas. A base da influência. O *rapport* pode atuar nos níveis de palavras, comportamento não-verbal, valores e crenças.

Reativo — Reagir aos eventos em lugar de iniciá-los. Uma distinção do metaprograma.

Recapitular — Apresentar novamente os pontos principais usando as palavras do cliente. Uma habilidade em vendas muito importante para resumir, manter *rapport* e obter envolvimento.

Representações internas — Todos os nossos pensamentos e sentimentos. As imagens mentais, sons e sentimentos que lembramos e criamos.

Ressignificar — Mudar a maneira de compreender uma afirmação ou comportamento, dando-lhe outro significado.

Segmentar — Mudar percepções subindo ou descendo níveis. Segmentar para cima é subir e observar num nível que inclua aquilo que você está estudando. Por exemplo, para que necessidade seu produto é uma solução. Segmentar para baixo é descer a um nível para observar um exemplo ou parte mais específica daquilo que você está estudando. Por exemplo, versões diferentes do seu produto para atender às necessidades do cliente.

Segunda posição — Enxergar o mundo do ponto de vista de outra pessoa para compreender sua realidade. Uma das três posições perceptivas.

Sistemas representacionais — Os sentidos internos, nossa maneira de pensar. Na PNL há cinco principais sistemas representacionais: visual, auditivo, cinestésico, olfativo (odores) e gustativo (paladar).

Suavizadores — Uma maneira gentil de fazer uma pergunta delicada. Por exemplo: "Você gostaria de me contar X?", em lugar de "Conte-me X".

Submodalidades — A qualidade das imagens mentais, sons e sentimentos. Por exemplo, as imagens podem ser grandes ou pequenas, em movimento ou estáticas, em cores ou em preto-e-branco.

Terceira posição — Uma das posições perceptivas, em que se enxerga o mundo do ponto de vista de um observador imparcial.

Valores — Os estados que são importantes para nós. Aqueles que procuramos (valores de "aproximação") ou aqueles que evitamos (valores de "afastamento").

Vitória-derrota — Qualquer situação na qual o vendedor consegue seu objetivo e alguma coisa valiosa, e o cliente não. A base da manipulação.

Vitória-vitória — Uma situação na qual ambas as partes conseguem alguma coisa que valorizam. Qualquer venda que não seja ganhar-ganhar, no longo prazo, torna-se derrota-derrota.

Visual — Relativo ao sentido da visão.

BIBLIOGRAFIA

ASPROMONTE, Don e AUSTIN, Diane. *Green light selling.* Cahill Mountain Press, 1990.

COVEY, Stephen. *The seven habits of highly effective people.* Simon & Schuster, 1989.

DROZDECK, Steven, YEAGER, Joseph e SOMMER, Linda. *What they don't teach you in sales 101.* McGraw-Hill, 1991.

FISHER, Roger e URY, William. *Getting to yes.* Arrow, 1987.

JAMES, Tad. *Time line therapy and the basis of personality.* Meta Publications, 1988.

JOHNSON, Spencer e WILSON, Larry. *The one minute salesperson.* Fontana, 1986.

KLINE, Peter e SAUNDERS, Bernard. *Ten steps to a learning organisation.* Great Ocean Publishers, 1993.

LABORDE, Genie. *Influencing with integrity.* Syntony Publishing Co., 1984.

MORGAN, Sharon Drew. *Sales on the line.* Metamorphous Press, 1993.

O'CONNOR, Joseph e SEYMOUR, John. *Introdução à programação neurolingüística.* Summus, 1995.

——————— *Treinando com a PNL.* São Paulo, Summus, 1996.

O'CONNOR, Joseph e MCDERMOTT, Ian. *Principles of NLP.* Thorsons, a ser publicado.

ROBERTSON, James. *Sales: the mind's side.* Metamorphous Press, 1990.

SENGE, Peter. *The fifth discipline.* Century Business, 1990.

SOBRE OS AUTORES

Joseph O'Connor é consultor, treinador e autor. Ele deu treinamentos em seminários públicos e empresas, projetou e vendeu *softwares* que permitem às pessoas descobrir seus objetivos e valores. Trabalhou com grandes empresas no Reino Unido, incluindo a National Power, Lloyds Bank, BT e ICI. É autor ou co-autor de quatro livros de PNL, traduzidos em nove idiomas, incluindo *Introdução à programação neurolingüística* e *Treinando com a PNL* (ambos publicados no Brasil pela Summus Editorial).

Treinou com John Grinder e Robert Dilts e dá treinamentos em PNL desde 1988.

Atualmente, Joseph está projetando mais *softwares* interativos e escrevendo dois livros, gosta de jogar *squash* e viajar. É casado, tem duas filhas e mora em Londres.

Robin Prior é consultor, treinador, vendedor, gerente, escritor e humorista. Ele é *master practitioner* em PNL, tendo treinado com John Grinder, Robert Dilts e Judith De Lozier, entre outros.

Em sua carreira anterior, vendeu e gerenciou vendas para empresas como a Rank Xerox, British Olivetti, Pitney Bowes e GKN Sankey, onde obteve um profundo conhecimento dos métodos de treinamento em vendas, considerados na época como obras de arte.

Trabalhou extensivamente no setor financeiro aconselhando e treinando vendedores e atualmente passando por grandes mudanças na legislação e expectativas da empresa. Contudo, sua experiência em consultoria de treinamento abrange muitas áreas e produtos. Ele também ensina habilidades de linguagem, escreve discursos e faz vídeos promocionais corporativos.

Seu principal objetivo é influenciar o mundo das vendas para que os clientes recebam com maior freqüência os produtos que realmente desejam e precisam, e os vendedores vivam uma vida mais satisfatória.

Como o humor é um dos grandes promotores da qualidade de vida, Robin também escreve para comediantes e *shows* humorísticos na televisão.

A Sociedade Brasileira de Programação Neurolingüística foi a pioneira da Programação Neurolingüística no Brasil, tendo trazido a técnica para o país em 1981. Os treinamentos obedecem e ultrapassam os padrões estabelecidos pela "Americam Society of Neuro Linguistic Programing", entidade que congrega profissionais da PNL em todo o mundo.

A Sociedade Brasileira de Programação Neurolingüística, fundada por Gilberto Craidy Cury e Rebeca L. Frenk (Biby), formados diretamente pelos criadores da PNL Richard Bandler e John Grinder, é o centro formador dos melhores profissionais da PNL no Brasil, pela ética, profissionalismo, seriedade e visão de futuro.

Dentro de cada um dos diversos cursos da Sociedade Brasileira de Programação Neurolingüística você terá a possibilidade de desenvolver habilidades, posturas e competências capazes de gerar transformações que permitam uma evolução real na qualidade de vida pessoal e profissional.

Ao longo dos anos nesta busca de qualidade a Sociedade Brasileira de Programação Neurolingüística ampliou horizontes de indivíduos, famílias, escolas, instituições e empresas, criando um espaço de maior realização e integração do ser humano e da sociedade.

Ligue para a Sociedade Brasileira de Programação Neurolingüística para receber mais informações.

Sociedade Brasileira de Programação Neurolingüística
Rua Fernandes Borges, 120 – São Paulo, SP
CEP: 04504-030 Tel./fax: (11) 3887-4000
http://www.pnl.com.br/

leia também

INTRODUÇÃO À PROGRAMAÇÃO NEUROLINGÜÍSTICA
COMO ENTENDER E INFLUENCIAR AS PESSOAS
Joseph O'Connor e John Seymour

A programação neurolingüística procura entender por que determinadas pessoas aparentemente demonstram maior capacidade do que outras, descrevendo seus mecanismos de modo que outros possam utilizá-los. Este livro mostra técnicas essenciais para o desenvolvimento pessoal e a boa qualidade no campo do aconselhamento, educação e negócios.
REF. 10471   ISBN 85-323-0471-0

TREINANDO COM A PNL
RECURSOS DE PROGRAMAÇÃO NEUROLINGÜÍSTICA
PARA ADMINISTRADORES, INSTRUTORES E COMUNICADORES
Joseph O'Connor e John Seymour

As rápidas mudanças da tecnologia e do desenvolvimento organizacional indicam que 75% das pessoas que hoje trabalham precisarão de treinamento nos próximos dez anos. Os programas de treinamento são uma das formas mais eficientes para o aprendizado de novas habilidades e conhecimentos necessários no futuro. A PNL oferece instrumentos para desenvolver e modelar estas habilidades.
REF. 10483   ISBN 85-323-0483-4

ENFRENTANDO A AUDIÊNCIA
RECURSOS DE PROGRAMAÇÃO NEUROLINGÜÍSTICA
PARA APRESENTAÇÕES
Robert B. Dilts

Para que uma conferência, aula ou simples exposição de idéias seja eficaz, deve ser apresentada com clareza e determinação, requerendo habilidade para se comunicar e relacionar-se com outras pessoas. Este livro mostra como desenvolver essas habilidades com a PNL.
REF. 10572   ISBN 85-323-0572-5

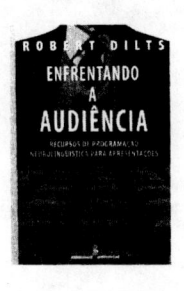

MODERNAS TÉCNICAS DE PERSUASÃO
A VANTAGEM OCULTA EM VENDAS
Donald J. Moine e John H. Herd

O processo de vendas é muito mais do que um processo racional, já que o emocional é básico para uma boa venda. O treino especial, ou a verdadeira "mágica de vendas" descrita neste livro, possibilitará ao vendedor uma maior interação com o cliente e, como resultado, um grande sucesso de vendas.
REF. 10324   ISBN 85-323-0324-2

www.gruposummus.com.br